AUTODAFÉS

Michel Onfray

AUTODAFÉS

L'art de détruire les livres

Les Presses de la Cité

92 avenue de France – 75013 Paris
ISBN 978-2-258-19706-0
Dépôt légal : août 2021

Michel Onfray est l'auteur de plus de cent livres, traduits dans vingt-cinq pays. Il a fondé en 2002 l'Université populaire de Caen et a lancé en 2016 sa Web TV : michelonfray.com. Il dirige également la revue *Front populaire*.

Sommaire

Introduction

La fachosphère de gauche

Je ne sais si le regretté Alain Rey aura eu le temps, avant de défuncter, de faire entrer le mot « fachosphère » dans son *Dictionnaire culturel en langue française,* mais il a fait rentrer celui de « facho » il y a un moment déjà.

Ce dernier substantif date de 1968, comme c'est étonnant ! Il en fait un vocable « familier » ainsi défini : « Fasciste ; réactionnaire. » Il l'associe à « faf ». En guise de citations littéraires illustratives, le lexicographe convoque Cecil Saint-Laurent, l'homme des *Caroline Chérie*, qui fut vichyste même après Vichy, et San-Antonio, le père de Bérurier. C'est dire le caractère hautement scientifique du concept !

Certes, c'est « Mai 68 » qui crée le mot « facho », mais c'est Staline, l'homme du pacte germano-soviétique contracté avec Hitler et effectif entre le 23 août 1939 et le 22 juin 1941, qui utilise le mot « fasciste » comme un couteau suisse qui lui permet d'égorger verbalement quiconque a le malheur de lui déplaire ! « Fascistes » ses anciens amis Zinoviev, Kamenev, Trotski, fascistes les médecins juifs accusés de… complotisme, déjà, fascistes des millions de gens, dont des militants marxistes-léninistes, qui sont le carburant de la Terreur qui fonctionne en cœur nucléaire d'un gouvernement révolutionnaire, fascistes tant d'autres qui auront d'abord été les victimes métaphoriques de ce couteau suisse avant d'être purement et simplement déportés, emprisonnés, exécutés, massacrés, tués. « Fascistes » ou « fachos » sont, on le constate, des termes vraiment scientifiques ! Staline ne passait-il pas en son temps pour un génie de la science linguistique ?

Rions un peu, en passant, en rappelant qu'un certain André Pierre a publié dans

Le Monde, grand journal de la post-vérité, déjà, à la date du 4 juillet 1950, un article dont le titre est : « Les vues de Staline sur la linguistique sont pleines de bon sens. Aucune science, dit-il, ne peut progresser sans la liberté de la critique ». On peut se frotter les yeux si l'on veut !

Redevenons sérieux...

Mai 68, qui a beaucoup détruit et, hélas, rien construit qui soit digne de ce nom, a effectué une transvaluation des valeurs dans la décennie qui a suivi : éloge de la pédophilie (René Schérer), haro crié sur les notes et les évaluations des copies (Finkielkraut à l'endroit de son professeur… René Schérer), assimilation des CRS aux SS (Cohn-Bendit, mais également une célèbre affiche de l'Atelier populaire des Beaux-Arts placardée partout dans Paris…), destruction de la raison doublée de l'éloge du fou et des marges présentés comme de nouveaux paradigmes (Gilles Deleuze et Michel Foucault), abolition de l'expertise (égalité entre chercheurs et « tout le personnel » à l'Observatoire de Meudon – tract du 25 mai 1968), célébration des dictateurs (Trotski, Mao, Castro) et fascisation, déjà, des républicains (de Gaulle grimé en Hitler sur ces fameuses affiches sorties de l'Atelier populaire)…

Mais c'est le PCF qui, stalinien ici comme ailleurs, se trouve avant Mai à l'origine de cette assimilation des CRS aux SS en France : le 5 novembre 1948, Simone Téry, qui, nonobstant l'Appel antifasciste du 18 juin, a passé la guerre au soleil de la République dominicaine, fait en effet paraître dans *L'Humanité* un article intitulé : « Les C.R.S.S.S. » – un acronyme paradoxalement bien proche de « URSS » ! Si j'étais freudien… La journaliste communiste couvre les grèves des mineurs matées par le ministre de l'Intérieur Jules Moch, *un socialiste*, qui a fait tirer à balles réelles sur les ouvriers ! Fin novembre 1948, un député du PCF, Alfred Malleret-Joinville, un ancien résistant de… 1943 (que pensait-il avant, en 1939, en 1940, en 1941, en 1942, à l'époque du pacte Molotov-Ribbentrop ? On ne sait…), reprend l'analogie dans l'enceinte de l'Assemblée nationale.

De Staline aux blacks blocs soutenus par la presse maastrichienne, en passant par le PCF stalinien doublé du Mitterrand du *Coup d'Etat permanent* – le pamphlet date de 1964 –, sans oublier la gauche dans son spectre le plus large, PS, LFI, EELV, l'assimilation de l'opposant, ou même de celui qui pense librement, aux fascistes est récurrente. C'est, bien sûr, une insulte qui ne repose sur rien de concret, sinon le désir de salir, d'exclure, d'évincer, de décapiter métaphoriquement – c'est un genre de guillotine verbale.

Car « fasciste » est un signifiant qui dispose d'un signifié historique extrêmement précis : si l'on veut savoir ce qu'est *vraiment* le fascisme, il faut lire *Les Décombres* de Rebatet suivi de ses *Mémoires d'un fasciste*.

Pour information, en passant : Mitterrand appréciait tout particulièrement *Les Décombres*, au point que son épouse Danielle avait même pris soin de relier le volume en cuir noir ! Chez les Mitterrand, on savait ce qu'était vraiment le fascisme : le futur président de la République en venait. Dans les années 1930 il participe à des manifestations où l'on fustige le métèque, dans les années 1940 il est maréchaliste, vichyste, pétainiste, dans les années 1950 il défend l'Algérie française, dans les années 1980 il fait fleurir la tombe de Pétain et réhabilite les généraux putschistes d'Alger, en mai 1995, lors du dernier déjeuner qu'il fit à l'Elysée, après deux septennats, il entretient Jean d'Ormesson de la puissance formidable du « lobby juif » en France… L'homme fut constant, mais ça n'est pas la constance à laquelle on pense.

Le fascisme historique n'a pas grand-chose à voir avec le fascisme hystérique. Il est d'ailleurs étonnant, mais à peine, que les tenants du *fascisme historique* de gauche soient les promoteurs du *fascisme hystérique* à gauche. Car, quand on se réclame de l'Union soviétique, qui a pactisé avec le régime national-socialiste pendant deux ans (1939-1941) ; quand on soutient un PCF qui a demandé l'autorisation de reparaître à l'occupant nazi en France en juin 1940 sous prétexte d'ennemis communs, les Juifs, la City, les gaullistes, la social-démocratie et les Anglais ; quand dans *L'Humanité*, en 1945, les journalistes communistes ont traité d'« hitléro-trotskistes » les militants nationalistes algériens qui se sont réjouis de la Libération à Sétif et Guelma avant de périr sous les balles de la police ; quand, en

1952, on a fermé les yeux sur la politique antisémite de Staline lors du fameux procès des blouses blanches – quand on a ce passé qui s'avère un passif, on ne devrait pas traiter qui que ce soit de fasciste à la légère !

Le fascisme historique se définit clairement : il récuse la démocratie, les élections et la République au profit de l'insurrection armée qu'il mène d'abord avec des combats dans les rues ; il fustige la Déclaration des droits de l'homme, la Révolution française dans sa totalité, la philosophie des Lumières corruptrice de la nation catholique ; il se moque de l'Etat de droit au profit d'un pouvoir absolu donné à un chef dont la parole a force de loi ; il combat clairement les Juifs, les francs-maçons, mais également les protestants, coupables, selon lui, d'activer un Etat sécessionniste dans l'Etat ; il fomente des guerres au nom de l'espace vital et célèbre l'hygiène virile qui s'exprime dans les combats, en ce sens il se révèle expansionniste, impérialiste et colonialiste ; il défend un racisme biologique construit sur l'inégalité des races avec une supériorité proclamée pour la race blanche ; il assigne à la femme le rôle de l'épouse et de la mère, elle n'est que le ventre du repos des guerriers et de la démographie blanche ; il revendique une culture de mort, en témoigne le fameux « *Viva la muerte !* » des franquistes ; il défend un européisme de combat pour construire une Europe homogène ; il travaille à la fabrication d'un « Homme nouveau » radicalement post-chrétien.

Si l'on veut pouvoir traiter quelqu'un de fasciste, il faut qu'il relève de la plupart de ces critères historiques.

Or, je vois bien aujourd'hui paraître un néo-fascisme qui coche un certain nombre de ces cases-là : refus de la démocratie, de la République, de la laïcité ; éloge de la violence des rues pour imposer son projet ; mise en cause de la Révolution française et de la philosophie des Lumières ; antisémitisme et, non plus combat contre les maçons et les chrétiens, mais stigmatisation de complotistes ; célébration des guerres dites justes sous prétexte de libération des peuples ; lecture inégalitaire des races humaines en même temps que négation de l'existence des races, avec un renvoi systématique des Blancs et de leur culture en bas de la pyramide humaine ; validation de la phallocratie et de la misogynie au nom des coutumes tribales et des traditions maghrébines ; virilisation et admiration des terroristes transformés en héros valeureux et courageux, combattants d'une juste cause ; soumission à la culture de mort qui permet d'associer l'obtention du paradis à l'assassinat d'enfants juifs devant leurs écoles confessionnelles, de croyants dans leurs églises, prêtres compris, ou de mécréants pris au hasard dans la rue ; haine des Etats et des nations au profit d'un internationalisme, l'Europe étant le premier maillon de cette destruction des nations au profit d'un monde globalisé ; construction conceptuelle d'un Homme nouveau, post-naturel, artificiel, susceptible de générer une nouvelle civilisation, celle du transhumanisme.

Or, ce néo-fascisme se constitue en étoile avec un certain nombre de branches qui toutes se rassemblent en un même centre, à savoir une civilisation postchrétienne : le décolonialisme, l'indigénisme, le néoféminisme, le racialisme, la théorie du genre, le différentialisme, le ségrégationnisme, le communautarisme, parmi d'autres instances, travaillent à réaliser ce projet néofasciste – de gauche…

Cette idéologie vient en effet des Etats-Unis, qui travaillent depuis longtemps à l'effacement et à la disparition de la France puis de la civilisation judéo-chrétienne européenne. Ce qui se trouve appelé French Theory quand elle est dite dans la langue de l'occupant, à savoir la Théorie française, est une lecture des déconstructionnistes français dans une perspective nihiliste : il s'agit d'en finir avec les vieilles valeurs continentales au profit d'un monde nouveau, globalisé et cosmopolite, multiculturel et créolisé – autre thématique radicalement fasciste.

Cette *gauche américaine*, les plus lucides et les mieux cultivés apprécieront l'oxymore, fonctionne comme un bijou brillant et clinquant qui attire la gauche française comme une pie fascinée par la rutilance d'une panoplie de princesse. Après la chute du mur de Berlin en 1989 et l'effondrement de l'Empire soviétique en 1991, après l'effondrement politique de Mitterrand en 1983 suivi de sa conversion au libéralisme européiste en 1992, après, donc, la fin du PCF et celle du PS, la gauche a cherché une idéologie de remplacement. Par fainéantise, par bêtise, par manque de matière grise aussi, par un confort intellectuel de bourgeois repus, cette gauche morte a souhaité que cette nouvelle idéologie lui fût livrée clés en main. Elle avait autre chose à faire que travailler, il lui fallait distribuer postes et prébendes, aubaines et privilèges ! Elle a trouvé cette idéologie clés en main sur les campus américains en tournant le dos à son histoire qui, de Leroux à Cabet en passant par Proudhon, a donné un corpus de qualité à la gauche si d'aventure elle cherchait vraiment à se reconstruire et non pas à accompagner le capitalisme dans ses métamorphoses.

Mais la fascination pour les Etats-Unis est la plus forte, y compris chez les intellectuels marxistes qui, pourchassés par le nazisme parce qu'ils étaient juifs, ont pris un billet aller simple pour New York et non pour Moscou, alors qu'ils passaient leur temps à célébrer les vertus de la gauche marxiste ! Je songe à Marcuse, Horkheimer, Adorno, Günther Anders…

C'est cette même fascination pour les USA qui fait tirer la langue à tous les intellectuels français, dont jadis ceux du déconstructionnisme, certes gauchistes mais surtout américanophiles, dont BHL, qui ne perd pas une occasion de rappeler sa dilection pour Louis Althusser mais qui fit des pieds et des mains, un livre aussi, sur Tocqueville, pour essayer de séduire outre-Atlantique, dont Badiou, maoïste impénitent à l'ombre de Wall Street, des intellectuels, donc, qui ne voient pas la belle heure d'être transformés en héros de campus en estimant qu'ils ont conquis l'Amérique alors qu'ils sont lus par trois ou quatre dizaines d'étudiants sur le campus d'une université privée réservée à des jeunes issus de familles richissimes, sinon à des jeunes endettés pour des décennies. Nul besoin de préciser que l'Américain moyen ignore jusqu'aux mots « déconstruction » ou « structuralisme », sinon les noms de Derrida ou Foucault.

La liaison entre la gauche stalinienne ayant infusé la gauche non marxiste qui voulait en finir avec le capitalisme – qu'on songe à Mitterrand au congrès d'Epinay en 1971… – et cette gauche des campus, via la gauche soixante-huitarde, se révèle tout particulièrement dans son usage du substantif « fasciste » quand elle veut discréditer l'adversaire et le transformer en ennemi idéologique à abattre…

La conversation, le débat, l'échange, le dialogue, la discussion, la dispute, la controverse, l'entretien ? Des vieilles lunes chez ceux qui estiment préférables le Comité de Salut public, le Tribunal révolutionnaire, la guillotine, la déportation, le Goulag, les purges de la Révolution culturelle ou les happenings violents de Mai 68 avec irruptions en cours, chahuts et bousculades, insultes aux professeurs menacés ou molestés, qu'on se souvienne des mésaventures de Paul Ricœur à Nanterre !

C'est cette méthode qui prolifère à la façon de métastases avec l'interdiction en Sorbonne de représenter une pièce d'Eschyle, *Les Suppliantes*, sous prétexte que des rôles de Noirs sont joués par des Blancs masqués, ce qui révélerait le racisme du metteur en scène ; avec l'interdiction d'une conférence de Sylviane Agacinski à l'université de Bordeaux sous prétexte qu'elle serait homophobe parce qu'elle a signifié son opposition avec des arguments, pas des insultes ou des invectives, à la PMA pour toutes les femmes ; avec l'interdiction par des responsables de Nuit debout d'autoriser la présence d'hommes à des réunions féministes sous prétexte que les mâles portent avec eux, dans leurs gènes, une phallocratie et une misogynie viscérales ; avec l'interdiction faite aux Blancs de participer à un séminaire antiraciste (!) à l'université de Paris-8 sous prétexte d'une incapacité des non-Noirs à comprendre le racisme puisqu'ils ne sont pas « racisés », c'est-à-dire fondés par leur couleur de peau à faire un usage militant du passé essentialisé de leurs ancêtres ; avec l'interdiction d'une conférence de François Hollande à l'université de Lille-2, où son livre, dans la plus pure tradition des autodafés, a été déchiré, détruit, sous prétexte que sa politique capitaliste aurait été directement responsable de la tentative de suicide par le feu d'Anas K., un étudiant ayant triplé sa deuxième année de licence – etc., car chaque semaine ajoute à la liste.

La presse maastrichienne est prompte à débusquer des rouges-bruns partout, surtout là où ils ne sont pas, par exemple quand tel ou tel se dit souverainiste… Elle traque le fasciste, le facho ou le compagnon de route de l'extrême droite dans les moindres recoins. Mais elle ne les voit pas sous son nez, progressant chaque jour comme un rouleau compresseur qui écrase tout sur son passage.

Quand on écrira l'histoire de notre époque, il sera facile de raconter comment, pierre par pierre, pan de mur par pan de mur, bâtiment par bâtiment, l'édifice que fut la civilisation judéo-chrétienne s'est effondré…

Ces *fachos-de-gauche*, pour retourner comme un gant leurs doigts sémantiques, sévissent presque partout depuis un demi-siècle. Ce gauchisme culturel est très actif dans les universités, l'édition, les médias, la publicité, le cinéma, où cette idéologie infuse en permanence comme la doctrine officielle dans un pays autoritaire.

Ce gauchisme culturel a ses figures en vue, ses philosophes, ses penseurs, ses idéologues, ses milliardaires, ses influenceurs, ses journalistes, ses politiciens, ses éditorialistes, ses supports, ses journaux, ses chaînes de télévision, ses radios, ses médias – *tous ceux du service public*, aucun n'échappe à la règle...

La presse est faussement pluraliste, elle est concentrée dans les mains d'une dizaine de milliardaires qui, tous, défendent la même idéologie. Cette presse détenue par des gens à la tête de fortunes inépuisables est, c'est un comble, aidée par l'Etat, c'est-à-dire par l'argent public, autrement dit : par les impôts du contribuable ! Le citoyen subventionne donc des milliardaires pour se faire endoctriner et, pour la moitié des Français qui ne souscrivent pas à cette propagande journalière, pour se faire insulter, incendier, mépriser, salir.

Autodafés propose un exercice pratique : regarder comment des livres essentiels pour établir la vérité ont été torpillés afin d'éviter que leurs véritables messages ne soient délivrés. Leur tort ? Leur dangerosité ? Leur toxicité ? Leur menace ? Ce sont autant de livres qui se sont proposé de *détruire des mythologies du moment*. C'est bien connu : le premier qui dit la vérité, il doit être exécuté.

Même si elle n'est pas lue, ou peu, même si, on vient de le voir, elle n'existe que parce qu'elle est subventionnée par l'argent du contribuable, même si on feint de ne pas la croire, la presse écrite contribue grandement à la fabrication de l'opinion, bien que, désormais, elle se trouve concurrencée par les réseaux sociaux ou des médias privés vraiment libres. Elle est peu lue, mais elle l'est par les prescripteurs qui passent la rhubarbe et renvoient le séné. Les plateaux de radio et de télévision sont confectionnés par des producteurs qui lisent ces articles avec lesquels ils construisent au quotidien la feuille de route médiatique de cette idéologie.

Libération, payé par le contribuable – il ne survivrait pas s'il devait se satisfaire de ses ventes –, est peu lu, mais tel ou tel article sert à la revue de presse quotidienne de France Inter, où, avec l'argent du contribuable, toujours, on donne un écho à l'idéologie défendue. Le gauchisme culturel fonctionne de façon incestueuse.

Quelques journalistes, la plupart du temps parisiens, officient dans les rubriques culturelles et disposent d'une stratégie bien rodée : organiser la censure par *le silence*, ne pas rendre compte de la parution d'un livre étant la meilleure façon de le tuer ; promouvoir de mauvais livres par *la connivence* idéologique ; organiser la désinformation par *le discrédit* en inventant éhontément le contenu d'un livre afin de mieux le déconsidérer. Omerta, complaisance et calomnie se partagent le plus gros du marché de la culture, dans lequel le travail honnête est rare.

Le dernier demi-siècle a connu de grandes polémiques, où les tenants du système ont volé à son secours par le silence, la connivence ou le discrédit.

Le système a défendu le gauchisme culturel en vouant aux gémonies les idéologies qui lui servent de fondations. Pour ce faire, ces fachos-de-gauche ont défendu la *révolution culturelle maoïste* que Simon Leys démontait dans *Les Habits neufs du président Mao* (1971) ; le *marxisme-léninisme inspirateur du communisme occidental* qu'effondrait pourtant *L'Archipel du Goulag* (1973) de Soljenitsyne ; le *retour du racisme sous couvert d'antiracisme* qu'analysait le sociologue Paul Yonnet dans son *Voyage au centre du malaise français. L'antiracisme et le roman national* (1993) ; le *bellicisme islamiste* dont Samuel Huntington racontait la puissance dans *Le Choc des civilisations* (1996) ; la *fausse science psychanalytique* que ridiculisait *Le Livre noir de la psychanalyse* (2005) ; et le mythe d'un *islam civilisateur de l'Occident* que décomposait l'*Aristote au mont Saint-Michel* (2008) de Sylvain Gouguenheim.

Dans ces procès médiatiques tenus sur les principes du Comité de Salut public et du Tribunal révolutionnaire, il ne fut guère question de justice et de justesse, de liberté d'expression et de liberté de conscience, de vérité encore moins.

Nul doute que, dans la configuration de la Chine maoïste ou de l'Union soviétique marxiste-léniniste, sinon de n'importe quel autre régime totalitaire du XXe siècle, nazisme compris, ces « journalistes » auraient troqué la plume contre des armes nettement plus dangereuses. Le salaud n'a pas forcément une tête de salaud, car il n'y a pas de tête de salaud, mais il est de tous les régimes.

Le nôtre a aussi les siens.

Simon Leys

Les Habits neufs du président Mao
(1971)

IL FAUT SAUVER LE SOLDAT MAO

1
Le premier qui dit la vérité…

Simon Leys est un sinologue qui parle chinois. La précision prêterait à sourire et semblerait un pléonasme si nombre de ces prétendus spécialistes ne se contentaient pas de baragouiner une langue dont ils font pourtant commerce et métier. Comment parler de la Chine si l'on bricole le chinois comme un touriste ? Je n'aurai pas la cruauté de révéler les noms des sinologues en papier que Simon Leys égratigne avec un humour décapant…

C'est ainsi que les fesses de Maria Antonietta Macciocchi, apparatchik du communisme italien, lui en ont cuit dans une célèbre émission d'« Apostrophes » où Bernard Pivot la recevait pour *Deux mille ans de bonheur* (1983) après qu'elle eut commis un *De la Chine* (1971) qui faisait autorité dans les milieux maoïstes européens. Simon Leys était lui aussi sur le plateau : il l'a atomisée en direct.

A cette époque où le maoïsme est intellectuellement dominant chez des gens pour qui le chinois c'est de l'hébreu, Simon Leys lance un pavé dans la mare de Saint-Germain-des-Prés. Sartre, Beauvoir, Barthes, Kristeva, Sollers, BHL, Badiou, Foucault, François Châtelet, Glucksmann, Benny Lévy, en sont, sans parler de plus petits poissons, Pleynet, Henric, ou des politiques étrangement fourvoyés qui ne cachent pas leur admiration pour le Grand Timonier et la Chine éternelle, ainsi Alain Peyrefitte, Mitterrand, Giscard, Edgar Faure, jusqu'à Jean d'Ormesson !

Que s'est-il passé lors de cette fameuse émission de Bernard Pivot ?

C'était le 27 mai 1983, le thème était *Les intellectuels face à l'histoire du communisme*. Macciocchi, essayiste et journaliste, présentait donc son autobiographie, *Deux mille ans de bonheur*, un titre qui citait, disait-elle, une phrase que lui aurait dite Mao. Simon Leys défendait, quant à lui, un ouvrage intitulé *La Forêt en feu*. Il avait publié en 1971 *Les Habits neufs du président Mao*, un livre antitotalitaire souillé de crachats par tout ce que Paris comptait d'intellectuels en vue.

Sur le plateau, Macciocchi fit savoir la nature mystique de sa relation avec Mao, le maoïsme, la Révolution culturelle, le marxisme-léninisme chinois : « Ma vie était très chaste, toute de pur dévouement. Les saintes s'accouplent à Dieu, moi je m'accouplais avec le peuple, avec sa rédemption à laquelle je m'employais, je m'immolais jour et nuit. »

Simon Leys dit que cette fameuse Révolution culturelle n'a rien de révolutionnaire et encore moins de culturel, qu'elle est en fait, c'est la thèse de son livre, une lutte de Mao et des siens pour recouvrer un pouvoir perdu en interne et dans le pays au profit du parti – c'est, dit-il à plusieurs reprises, un « coup d'Etat ».

Il battait donc en brèche la thèse des maoïstes français pour lesquels la Révolution culturelle était rien de moins qu'un changement de paradigme civilisationnel ! Cette révolution a fait des millions de victimes. Leys lui-même a vu des cadavres entravés et mutilés descendre le cours du fleuve qui traverse Hong Kong ou un journaliste se faire assassiner devant chez lui dans la rue parce qu'il avait persiflé le Grand Timonier à la radio.

Puis, pour lui mettre plus profondément le nez dans son maoïsme, Simon Leys s'adresse ainsi à la députée de Naples : « Mao n'a jamais pu vous souhaiter “deux mille ans de bonheur” parce que l'expression n'existe même pas en Chine. Elle n'existe même pas en dialecte hounanais. Vous pourriez douter de ma compétence dans ce domaine parce que j'ai un grand nez. Mais demandez à n'importe quel Chinois comment on dit en chinois : “deux mille ans de bonheur” : cela n'existe pas. C'est la plus vénielle de vos affabulations en comparaison de ce qu'on trouve dans le reste de son œuvre. » Atomisée, la maoïste italienne fut discréditée pour toujours.

Que dit le livre de Simon Leys *Les Habits neufs du président Mao* ?

L'ouvrage est sec, direct, efficace, sans fioritures. Du muscle, pas un poil de gras. Il s'avère extrêmement documenté : une phrase, un fait ou une idée, une autre phrase, un autre fait et une autre idée. Simon Leys, qui, donc, lit le chinois, dépouille un nombre incalculable de journaux pour connaître au plus près le détail de cette Révolution culturelle et les mécanismes du maoïsme. Il convoque des textes, des récits, des discours, des faits et des témoignages. Rien d'autre. Il suit la Révolution culturelle au jour le jour au risque parfois de perdre en vision générale ce qui se trouve gagné sur le terrain micrologique. Risque tellement assumé qu'il est revendiqué comme une méthode : plutôt l'accumulation des faits pour convaincre que de vagues développements intellectuels critiques. Le livre est parfois ardu à lire tant il fourmille de détails sur des gens inconnus impliqués dans des manigances politiques ignorées, des intrigues celées, mais c'est le prix du sérieux de la démonstration. Elle vise à étouffer les maoïstes sous le poids d'un réel qu'ils refusent de voir.

Car le maoïste refuse de *voir ce qui est* pour la bonne et simple raison qu'il *ne voit que ce qu'il croit.* Les voyages d'intellectuels sont conçus comme autant d'occasions de pèlerinages : des membres du parti leur font visiter des usines, des fermes, des écoles, des crèches, des prisons qui constituent autant de variations sur le thème du Village Potemkine – ce sont les décors d'un théâtre exhibés pour charmer les ravis de la crèche.

Simon Leys écrit : « Nos philosophes d'aujourd'hui semblent également peu désireux d'enquêter sur la vérité historique du maoïsme, craignant sans doute qu'une confrontation avec la réalité ne soit dommageable à ce mythe qui les dispense si confortablement de penser par eux-mêmes. » Par ailleurs, il estime que « pour les intellectuels la libre recherche de la vérité, la dénonciation de la tyrannie et du mensonge constituent une mission d'un caractère absolu et permanent ». Mais où sont donc passés les intellectuels ? Egaillés comme une volée de moineaux, ils laissent la place à des dévots d'une religion d'un genre nouveau…

Simon Leys rapporte une anecdote savoureuse qui en dit plus qu'un long discours. Il entretient d'une œuvre qui relève de la peinture d'Etat, du réalisme socialiste maoïste, « le chef-d'œuvre proposé à l'admiration des masses étant une sirupeuse peinture à l'huile (à la margarine, serait-on plutôt tenté de dire) représentant le *Jeune Mao Zedong sur la route de Anyuan*. Ainsi dans toutes les bonnes familles rouges pourra-t-on dorénavant accrocher, au-dessus du piano révolutionnaire du salon, un révolutionnaire Bouguereau. L'ouvrage était d'une mièvrerie si sucrée et désuète que l'une de ses innombrables reproductions diffusées vers l'Europe s'égara au Vatican, et fut exposée pour un temps dans une salle d'attente pontificale par un ecclésiastique de bonne foi qui l'avait prise pour une gravure missionnaire ».

On a vu déjà que Maria Antonietta Macciocchi s'était faite nonne pour coucher virtuellement avec le peuple afin de le rédimer par l'offrande de son corps glorieux, ce qui lui permettait de rester chaste tout en engendrant. Ce genre de précédent ayant déjà rendu possible une civilisation vieille de deux mille ans, pourquoi ne pas essayer à nouveau ce qui avait déjà si bien marché ?

Le maoïsme passait pour avoir régénéré un peuple qui ignorait le péché originel et, de ce fait, incarnait la pureté. Les adeptes d'un Mao vénéré comme Dieu, du *Petit livre rouge* conçu comme Bible, de sa poésie et de sa calligraphie (« souvent gauche » pour la première et pleine « d'audace arbitraire et d'enflure » pour la seconde selon Simon Leys) méditée comme autant d'évangiles, de ses portraits révérés comme des icônes, de sa biographie racontée comme une vie de saint, de sa personne sacrée comme une divinité, ces gens-là, donc, partagent les pathologies du croyant de base. La rhétorique du maoïste est celle de la foi, de la croyance, de la religion. Et qui peut croire que la raison puisse ramener au bon sens quiconque est conduit par la foi ?

Cette religion du maoïsme va de pair avec le culte de la personnalité. Simon Leys montre que celui-ci renvoie au schéma de la Chine impériale pour laquelle Mao entretenait une véritable vénération. Il révèle en effet le rôle tenu chez lui par le

Miroir universel de l'histoire pour servir aux gouvernants de Sima Guang, un texte du XIe siècle. « Que Mao ait pris cet antique manuel politique de la bureaucratie impériale pour livre de chevet et qu'il ait même jugé approprié, pour un portrait officiel tout récent, de se faire photographier à sa table de travail avec à son côté, de préférence à tout autre ouvrage, cette pierre angulaire de l'ancien ordre bureaucratique, est un éloquent symbole ! »

Simon Leys estime que Mao n'était pas un révolutionnaire tourné vers le progrès mais un réactionnaire, au sens étymologique, un homme désireux de restaurer un ordre ancien. Ce conservateur souhaitait ramener la Chine à son état féodal avec des paysans illettrés, des villes vidées de leurs habitants au profit des campagnes, des intellectuels mis au pas via les travaux des champs sous prétexte de rééducation, des enfants de quinze ans enrôlés dans ce genre de chantiers de jeunesse marxistes-léninistes, des universitaires humiliés en public, le tout pour mieux asseoir son pouvoir personnel sur des masses incultes, donc faciles à diriger.

Mao était un provincial un temps modeste employé de bibliothèque méprisé par les étudiants et les professeurs. Artiste raté, mauvais poète, exécrable calligraphe, il est ravagé par le ressentiment à l'endroit des professeurs, des intellectuels, des universitaires, des experts. Parvenu au pouvoir, il détruit l'université, pourchasse les lettrés, persécute les penseurs et donne le pouvoir aux idéologues. Les commissaires du peuple transforment l'université en lieu d'endoctrinement. « Les examens sont supprimés, ou auront lieu à livre ouvert, la sélection des étudiants se fera sur une base exclusivement politique, de même que l'attribution des diplômes. » Toute ressemblance avec une autre époque serait purement fortuite…

Simon Leys rapporte ce que la presse dit de cette réforme de l'université : « Il est rappelé que l'obéissance à la pensée de Mao doit être sans réserve, que la lutte contre tout ce qui s'oppose à la pensée de Mao doit être absolue, que les instructions de Mao doivent être suivies, *même lorsqu'on ne les comprend pas.* » Dans la foulée, la « véritable démocratie » est présentée comme obéissance inconditionnelle aux directives du Grand Timonier. Une université où l'on obéit sans qu'il soit besoin de comprendre, là aussi, là encore, toute ressemblance, etc.

Religion et croyance, réaction et conservatisme, féodalité et anti-intellectualisme, le maoïsme est également un totalitarisme, une tyrannie. Simon Leys dénonce les crimes, les assassinats, les meurtres, la militarisation de la société, la nature policière du régime, les quatorze personnes qui dirigent le pays avec le dictateur. Il publie des photos de cadavres, il rapporte qu'une « fillette de 13-15 ans » a été retrouvée noyée, que les cadavres sont « ligotés de la façon dite *grande ligature à cinq fleurs,* c'est-à-dire au moyen d'une corde enserrant successivement les deux pieds, les deux poings et le cou, indiquant qu'il s'agissait de suppliciés, probablement victimes d'une même exécution massive ». Il signale des massacres.

Le communisme de Mao fera plus de cinquante millions de morts selon Frank Dikötter, un historien néerlandais professeur à l'université de Hong Kong.

Dans un (bel) essai écrit par Pierre Boncenne, *Le Parapluie de Simon Leys,* auquel on doit aussi une (belle) correspondance avec le penseur, *Quand vous viendrez me voir aux Antipodes*, il est clairement dit que Simon Leys assimilait maoïsme, léninisme, nazisme et stalinisme – je souscris. C'est clairement ce qui a eu le plus de mal à passer ! Que Simon Leys ait pu se référer à « la grande tradition hitléro-lénino-stalino-maoïste » pour caractériser, rappelons-le, Sartre, Beauvoir, Barthes, Kristeva, Sollers, BHL, Badiou, Foucault, François Châtelet, Glucksmann et consorts, voilà qui ne devait pas rester impuni…

2
… il doit être exécuté !

Les éditions Robert Laffont et Gallimard ont refusé le manuscrit de Simon Leys. L'une des modalités de la censure passe aussi par le refus de donner à un tapuscrit la possibilité de devenir un livre. On tue dans l'œuf, c'est efficace et radical. Avec le silence une fois le livre paru, voici l'une des deux modalités les plus efficaces de la censure.

Le livre a été pris aux éditions Champ Libre, la maison historique des situationnistes, grâce à l'entregent de René Viénet. Simon Leys explique, dans une lettre à Pierre Boncenne, comment ce texte est devenu livre : il le doit à René Viénet, sinologue, qui enseignait le chinois à polytechnique, il était aussi chercheur au CNRS et fut huit ans membre de l'Internationale situationniste. C'est de ce côté-là de l'échiquier politique, le situationnisme, qu'est venue la critique du maoïsme – Guy Debord en fut. Viénet fut aussi cinéaste et viticulteur dans la région de Cahors ! Leys disait de lui : « Sur le fond, il demeure (je crois) essentiellement fidèle aux idéaux anarcho-situationnistes de ses vingt ans. » Il a, bien sûr, cristallisé la haine de la plupart des sinologues français – « notez, ajoute-t-il, que Viénet parle le chinois très couramment – ce qui est très mal noté dans la sinologie universitaire française – et achève de le condamner ! ». Viénet a aidé des sinologues à faire carrière, ce qui, bien sûr, lui a valu de payer le bien qu'il leur avait fait par sa propre éviction de l'université française ! « Un des innombrables crimes qu'on lui reprochait était d'avoir eu l'irresponsabilité de faire publier d'affreux "pamphlets anti-chinois", qui avaient déshonoré sa position universitaire ! »

Pour empêcher la propagation d'une pensée vraie, on peut donc *l'empêcher de prendre la forme d'un livre*, puis, une fois le livre paru, *dire qu'il est un « pamphlet »*, ce qui dispense qu'on lui accorde une minute de son temps car, bien sûr, un pamphlet c'est très exactement l'inverse d'un ouvrage scientifique et, la science, c'est évidemment l'estampille universitaire qui en décide. Si l'université donne son imprimatur, c'est scientifique ; si elle ne la donne pas, ça ne l'est pas. Ainsi, une thèse sur l'astrologie soutenue par Elizabeth Teissier, voyante médiatique longtemps conseillère du président Mitterrand, et ce devant un jury présidé par le directeur de thèse, Michel Maffesoli, universitaire et scientifique notoire, voilà qui est scientifique puisque universitaire.

On peut également *diffamer l'ouvrage* en affirmant que toute affirmation qui ne se trouve pas soutenue par une note en bas de page est une contre-vérité, une imposture, une erreur, un potin, un ragot – comme si la note, visibilité et partie émergée de l'iceberg universitaire, suffisait à conférer la vérité !

Outre la note, on pourra aussi *prélever une citation sortie de son contexte* et, justement en dehors de son contexte, *lui faire dire autre chose, sinon le contraire de ce qu'elle dit.* A ce régime, aucun texte, aucune démonstration, aucun auteur ne s'en sort indemne. Sur le principe formulé par Fouquier-Tinville, l'Accusateur général du Tribunal révolutionnaire pendant la Terreur – « Donnez-moi une phrase de n'importe qui et je me charge de le faire pendre » –, personne ne s'en sort, tout le monde est coupable.

De même, les cuistres peuvent trouver une erreur de date, relever une approximation factuelle, pointer une faute tangible dans un livre de trois cents pages pour inférer que la totalité de sa thèse s'effondre : ainsi, vous dites que la Loi sur les suspects date du 16 septembre 1793 ou du 17 novembre 1793, alors qu'elle date du 17 septembre 1793, la preuve est alors faite qu'il n'y a jamais eu de loi sur les suspects – donc que la Terreur est une fiction contre-révolutionnaire…

Enfin, il reste *le procès d'intention doublé d'une attaque ad hominem* : l'auteur a une idée cachée derrière la tête et roule pour un ennemi dont le nom se trouve caché. Toute critique du maoïsme accusée d'être commanditée par la CIA cesse de devenir une critique crédible puisque propagande américaine, donc capitaliste. Où l'on retrouve l'argument du pamphlet.

Ajoutons à cela *le procès en incompétence* qui interdit à l'auteur d'un livre de s'occuper d'un sujet s'il n'en dit pas du bien. Elogieux, son auteur est compétent ; critique, il est incompétent. Les thuriféraires veulent de l'encens, à défaut, ils crient au Zyklon B.

L'article du *Monde* (19 novembre 1971) coche toutes les cases ! Un certain monsieur Bouc, Alain de son prénom, assassine le livre en dix lignes. Les voici : « Une nouvelle interprétation de la Chine par un "China watcher" français de Hongkong travaillant à la mode américaine. Beaucoup de faits, rapportés avec exactitude, auxquels se mêlent des erreurs et des informations incontrôlables en provenance de la colonie britannique. Les sources ne sont d'ordinaire pas citées, et l'auteur n'a manifestement (*sic*) pas l'expérience de ce dont il parle. La Révolution culturelle est ramenée à des querelles de cliques. » Un dessin de Mao par Vazquez de Sola accompagne cet articulet sur une surface supérieure au texte.

Simon Leys est donc : un genre de touriste (1) qui travaille à la mode américaine (2) – sans qu'on sache ce qui définit cette méthode ; il accumule les erreurs (3) et les informations non sourcées (4) sans qu'elles soient précisées ; ces informations sont en provenance des Anglais (5), donc des alliés objectifs des Américains, ce qui sent la CIA ; il ne cite pas ses sources (6) ; il ne connaît rien à son sujet (7), une fois encore sans que cette attaque ad hominem soit étayée ; la thèse est passée sous silence au profit d'une autre, ridicule donc plus facile à discréditer : le coup d'Etat de Mao pour reprendre en main le parti, thèse de Leys, est ignoré au profit d'une dérisoire querelle de chapelle. Or Simon Leys parle le chinois, vit en Chine, lit la presse chinoise, rencontre des Chinois, écoute la radio chinoise et se trouve dans le bain de la vie quotidienne chinoise, il a vu des cadavres, il a assisté à l'assassinat d'un opposant… De son bureau de journaliste à Paris, monsieur Bouc fait la leçon à Simon Leys : c'est un amateur, un faussaire, un agent de la CIA, un ignorant, un dilettante, fermez le ban. Cet article est un modèle du genre pour les écoles de journalisme : c'est le type même du papier de propagande.

Trente-sept ans plus tard, dans *Le Monde* (6 août 2008), Francis Deron trouvera beaucoup de vertus à ce même livre.

Quelques jours plus tard, *Le Nouvel Observateur* (13 décembre 1971) emboîte le pas au *Monde*. Le journaliste se nomme Jean Daubier. Le titre annonce la couleur : « Une totale ignorance du maoïsme ». En vertu de la jurisprudence *la moitié du temps pour le directeur du camp de concentration l'autre moitié pour le déporté*, Etiemble est convoqué pour un article pour, dans lequel il instille aussi du contre – dans celui qui était franchement contre, il n'y avait pas un mot de pour…

En quatre colonnes sur deux pages, Daubier explique ce que fut la Révolution culturelle : « Il s'était agi de maintenir l'idéal révolutionnaire, d'abolir la division entre le travail manuel et intellectuel, d'empêcher la formation de nouvelles couches sociales privilégiées. » Certes, il y eut des œufs cassés, mais l'omelette fut belle dit en substance Daubier – une omelette à deux dizaines ou plus de millions de morts...

Daubier avance que, concernant la Révolution culturelle, « des thèses fantaisistes émises à son sujet passent désormais pour des vérités démontrées » – toujours les fantaisistes qui assènent sans preuves contre les scientifiques qui prouvent... sans preuves !

Le journaliste endosse sa panoplie idéologique, et c'est reparti pour un tour : « le livre de SL fourmille d'erreurs et d'affirmations incontrôlables » ; « la méthode de travail de SL est en effet des plus critiquables » ; « il cite très rarement ses sources » ; « il est clair cependant que, souvent (*sic*), ses informations proviennent de documents que les services américains de renseignements se procurent en d'obscures (*sic*) circonstances » ; « il va sans dire (*sic*) que ces textes ne présentent aucune garantie d'authenticité » ; ne pas citer ses sources « nuit au sérieux d'un ouvrage qui se veut (*sic*) historique » ; à l'appui de telle ou telle thèse, « l'auteur ne cite aucun document irréfutable pour étayer cette affirmation » non sans ajouter dans la foulée « les Chinois n'ont presque pas publié de textes officiels à ce sujet ». Autrement dit, SL ne cite pas les textes qui n'ont quasi pas été produits par le gouvernement chinois mais que le journaliste, lui, connaît, bien sûr, mais sans les révéler ; sa démonstration est « peu cohérente » ; SL est coupable de ce qu'il dit mais il l'est également de ce qu'il ne dit pas ; le livre démontre une même thèse, on l'a vu, sur trois cents pages, mais Daubier affirme qu'elle « n'est pas démontrée et paraît fort contestable » ; il accumule « affirmations gratuites » et « erreurs factuelles » – deux sont données, évidemment mineures et sans conséquence quant à la validité de la thèse, suivies d'un « etc. » perfide ; les cadavres retrouvés dans le fleuve n'étaient pas le fait de l'Armée rouge mais de civils – où sont les preuves de pareille affirmation ? il n'y en a pas ; son « ouvrage est d'une valeur relative » ; il met en cause la lecture psychologisante de SL selon laquelle Mao fut conduit par le ressentiment dans sa haine des intellectuels, une affirmation contrée par une thèse… psychologisante : les intellectuels qui refusent la rééducation de leurs semblables aux champs sont coupables d'une défense corporatiste ; SL pense la Chine à partir de l'Occident (pas Daubier ?) et ne comprend pas la spécificité chinoise de cette révolution ; il est victime des « croyances » du préjugé occidentalocentriste ; *ergo* : la Révolution culturelle n'a tué personne, elle sent la rose et le réséda, elle sert de modèle à toutes les révolutions à venir, ce fut une tellement belle chose…

Suite et fin…

En décembre 2008, la BNF mettait à disposition du public une bibliographie détaillée sur la Révolution culturelle. On y trouvait le livre de Maria Antonietta Macciocchi, celui de Jean Daubier, le journaliste que l'on sait, celui d'Alain Peyrefitte, mais pas les livres de Simon Leys qui ont pourtant tous été réunis en 1998 dans un volume de la collection « Bouquins » chez Laffont sous le titre *Ecrits sur la Chine*.

Aujourd'hui, Alain Badiou reprend les vieux éléments de langage du *Monde* et du *Nouvel Observateur* : *Les Habits neufs* seraient « une brillante improvisation (*sic*) idéologique dépourvue de tout rapport au réel politique » qu'il oppose aux études sérieuses parues dans les universités américaines. Le réel n'a toujours pas eu lieu, donc…

Dans *Le Studio de l'inutilité* (2012), Simon Leys cite cette phrase de Badiou : « S'agissant de figures comme Robespierre, Saint-Just, Babeuf, Blanqui, Bakounine, Marx, Engels, Lénine, Trotski, Rosa Luxemburg, Staline, Mao Zedong, Chou En-lai, Tito, Enver Hoxha, Guevara et quelques autres, *il est capital de ne rien céder au contexte de criminalisation et d'anecdotes ébouriffantes dans lesquelles depuis toujours la réaction tente de les enclore et de les annuler* » avant d'y noter en la déplorant une injustice flagrante : dans cette liste, il manque en effet le nom de Pol Pot…

Alexandre Soljenitsyne

L'Archipel du Goulag
(1973)

LE NUREMBERG DU MARXISME-LÉNINISME

S'il y eut, et c'est fort heureux, un Nuremberg du national-socialisme, il n'y eut pas, et c'est fort dommage, d'équivalent pour les crimes du marxisme-léninisme au XXe siècle. Les atrocités léninistes, trotskistes, staliniennes bénéficient d'une extraterritorialité morale qui sécrète une étonnante jurisprudence : en France, on peut avoir eu une jeunesse trotskiste à la Ligue communiste révolutionnaire ou à Lutte ouvrière, de jeunes années maoïstes à la Gauche prolétarienne ou au Parti communiste marxiste-léniniste français, voire au PCF des années staliniennes, sans que ce soit un obstacle dirimant pour faire carrière – bien au contraire !

En revanche, on imagine mal et, je le rappelle, c'est fort heureux, qu'un jeune qui aurait manifesté sa dilection pour Mussolini, Pétain, Vichy, l'OAS, les nazis, les franquistes, les salazaristes, Pinochet, la Grèce des colonels, jouisse d'une même clémence et d'une même facilitation professionnelle.

La parution en 1973 (1974 en traduction française) de *L'Archipel du Goulag* offre une pièce à verser au dossier d'instruction en vue d'un procès de Nuremberg des crimes marxistes-léninistes.

Avant cette date, d'autres auteurs ont dénoncé l'existence du régime de terreur qui sévissait en Union soviétique : Boris Souvarine avec son livre sur Staline (1935) et son *Cauchemar en URSS* (1937) ; André Gide dans *Retour de l'URSS* (1936) ; Kravchenko avec *J'ai choisi la liberté !* (1946) ; Voline dans *La Révolution inconnue* (1947) ; ou Albert Camus, lire ou relire *L'Homme révolté* (1951). Dès lors, dans la deuxième moitié du XXe siècle, qui voulait les preuves de la nature totalitaire de l'URSS en disposait.

Ces critiques ne venaient pas de la droite ou de l'extrême droite, encore moins des « fascistes » comme il fut dit, ni de tsaristes animés par le ressentiment ou de traîtres stipendiés par la CIA et instrumentalisés par les services secrets de quelque autre pays : tous ces hommes ont d'abord souscrit à l'idéal d'une Révolution appelée à apporter le bonheur à l'humanité, Soljenitsyne compris, avant de constater que ce projet de paradis avait accouché de l'enfer.

Soljenitsyne consacre mille cinq cents pages à ce qu'il nomme un « essai d'investigation littéraire ». Rien à voir avec la franche fiction d'un Orwell, le roman classique d'un Aragon, l'« autofiction » d'un Serge Doubrovsky ou le « romanquête » d'un BHL qui plient le réel à leur fiction : Soljenitsyne enquête et travaille comme Zola, il écrit aussi comme lui ou comme un auteur de roman naturaliste. Tout est vrai dans ce livre ; seuls manquent les noms propres qui exposeraient des gens restés sur place. Du Tout-Paris d'où il parle, Roland Barthes attaque l'œuvre en estimant que sa forme, pas assez poudrée ni parfumée selon son goût, exclut qu'on s'attarde sur le fond (*Le Figaro*, 8 octobre 1974). Il donne ainsi des gages à la gauche alors utile pour faire carrière.

L'Archipel du Goulag n'a qu'une seule matière : *le réel.* Plus précisément : le réel politique soviétique dans son essence qui gît en son épicentre : un système concentrationnaire carcéral. Ce livre, comme tout chef-d'œuvre, est impossible à résumer. Il est dense, efficace, sans fioritures, sans littérature au sens où il ne vise pas des effets de style. La forme est au service du fond, elle n'est pas une fin en soi comme si souvent chez les intellectuels, comme toujours chez les esthètes. L'écrivain fabrique une machine de guerre politique avec son écriture.

Dans la multitude d'entrées possibles à ce livre, j'en isole une : la machine soviétique déshumanise, elle transforme les hommes en bêtes féroces. Le marxisme-léninisme proposait de mettre au jour un homme nouveau, l'*Homo sovieticus* dont elle avorte s'avère une régression vers l'inhumain.

Le livre s'ouvre sur une anecdote qui semble résumer l'ouvrage, c'est un genre d'apologue, une fable : en 1949, Soljenitsyne lit dans une revue scientifique publiée par l'Académie des sciences la narration de ce qui pourrait passer pour un fait divers : lors d'une campagne de fouilles dans le bassin de la Kolyma, ceux qui creusent la terre gelée tombent sur « une lentille de glace souterraine, témoin d'un courant ancien pris par le gel, et, dans ce courant, pris eux aussi par le gel, des représentants d'une faune fossile remontant à une dizaine de milliers d'années. Poissons ou tritons, ils s'étaient conservés dans un tel état de fraîcheur, au témoignage du savant correspondant de la revue, que les participants, la glace une fois fondue, les avaient mangés sur-le-champ AVEC PLAISIR ». Soljenitsyne de comprendre que manger un genre de triton préhistorique décongelé avec plaisir, seuls des prisonniers politiques du Goulag dans la région de la Kolyma, des zeks, le peuvent ! « Note imprudente », écrit Soljenitsyne – en effet…

Et le livre accumule les informations qui vont en ce sens : ce que l'homme fait à l'homme, aucune bête ne le fait, car les bêtes tuent pour manger, vivre, survivre. Ici, certains hommes en mettent d'autres plus bas que terre en estimant travailler à l'amélioration de l'humanité. Quand on a réduit des hommes à manger des animaux ayant vécu avant l'homme, ce que l'on fait de l'homme est *inhumain* au sens étymologique.

L'Archipel du Goulag décrit l'odyssée de cet inhumain. De l'arrestation à la libération, quand elle a lieu et que le détenu n'est pas mort entre les deux, en passant par la déportation, l'incarcération, l'humiliation, la dégradation, la soumission, les cercles de l'enfer débordent ceux de Dante.

De quoi ceux qui sont arrêtés sont-ils coupables ? Il faut oublier cette idée qu'en régime marxiste-léniniste une arrestation obéirait à une raison franche claire, nette, définie ! C'est tout, rien, autre chose, n'importe quoi. Une broutille, une suspicion, une dénonciation, un arbitraire. Il s'agit pour le pouvoir de gouverner par la terreur : l'individu qui n'a rien à se reprocher doit se reprocher de n'avoir rien à se reprocher. C'est la grande leçon de 1793. Les puissants bolcheviques veulent que les misérables du peuple aient peur et tremblent sans cesse afin qu'ils se fassent zélés, obéissants, dociles, soumis, disciplinés, dominés. Sous couvert de communisme et de bonheur des peuples, le régime fabrique des esclaves en quantité industrielle.

Pour ce faire, rien de tel que de passer par le corps qu'il faut salir, broyer, humilier, affamer, déshumaniser, torturer, dégrader, ruiner, violer : il est la voie royale qui mène à l'âme qu'il s'agit d'abolir, d'effacer comme une trace mauvaise d'un temps honni, celui d'avant, celui du capitalisme bourgeois. Plus de conscience, plus de morale, plus de valeurs, plus de vertus, plus de bien, plus de mal, plus de bon, plus de mauvais, il n'existe plus de loi, si ce n'est celle du Goulag dans lequel il n'y a plus de loi. Le caprice de qui dispose du « liseré bleu », le signe distinctif d'appartenance à la tribu bolchevique, fait la loi.

Trotski écrit *Leur morale et la nôtre* pour expliquer que tout ce que décide la révolution est *bon* donc bien, tout ce qui l'entrave est *mauvais* donc mal. Tuer un commissaire du peuple qui vient, par caprice, de violer une femme, c'est mal ; tuer un paysan qui a ramassé quelques céréales après la moisson pour donner du pain à ses enfants, c'est bien.

Ainsi, quand les bolcheviques entrent dans une maison pour arrêter un homme et qu'ils découvrent un cercueil d'enfant dans la pièce, ils le fracassent, l'ouvrent, sortent le corps de l'enfant et regardent si la boîte ne contient rien de suspect. Puis ils embarquent le père de l'enfant mort et le conduisent dans un Goulag pour dix ou vingt ans ou plus. Il y sera exécuté ou il mourra de faim, de froid, d'épuisement, du typhus, de maladie, de mauvais traitements. Qu'a-t-il fait ? Rien du tout peut-être, mais le pouvoir avait besoin d'être craint comme la Mort et rien de tel pour ce faire que l'arbitraire, le caprice, le discrétionnaire : point n'est besoin d'être coupable pour devenir une victime. Le sang victimaire et sacrificiel doit couler sans répit car il fonde la puissance bolchevique.

La « déportation », le mot est employé, suit l'arrestation et l'interrogatoire musclé où l'humiliation commence avec la torture du corps et de l'âme. On sait comment les hommes s'y prennent depuis le début de l'humanité. Parmi ces odieux raffinements dans le mal, l'écrasement des parties génitales, comme pour empêcher que se reproduise quiconque pourrait avoir l'impudence et l'imprudence de penser, agir et vivre en homme libre.

Le régime marxiste-léniniste utilise les trains pour conduire les prisonniers vers leurs funestes destins. On déporte les enfants dès l'âge de douze ans, les femmes quel que soit leur âge, les vieillards, les malades. Toute ressemblance avec quelque chose qui ressemblerait à ce qui fut commis à l'ouest de la Russie soviétique ne serait pas fortuite…

Soljenitsyne rapporte qu'un homme fut interpellé par la police politique dans le bloc opératoire où il allait subir une intervention chirurgicale. Il se peut même que, paradoxe sidérant, cette Gestapo bolchevique s'empare d'un léniniste zélé, d'un communiste empressé, d'un militant dévoué, d'un dévot du marxisme-léninisme et l'envoie au Goulag pour une ou deux décennies. Sa faute ? Ne la cherchez pas, il n'y en a pas.

Le but du Politbureau qui se dit le peuple, mais qui n'est jamais que le Parti, à savoir les apparatchiks qui rassemblent les parvenus du nouveau régime, consiste à terrifier afin de gouverner par la terreur. Ces pourvoyeurs de mort triomphent en fils pieux et fidèles de Robespierre, Marat et Saint-Just. 1793 est leur avenir progressiste et le peuple, le cadet de leurs soucis. Ceux qui, aujourd'hui, se réclament de l'avocat ressentimenteux d'Arras pensent et agissent toujours ainsi…

Soljenitsyne effectue une analyse qui gêne par sa subtilité : il n'oppose pas le bon Lénine au mauvais Staline avec en tiers observateur un gentil Trotski antistalinien ! A Paris, les rhéteurs et les sophistes de gauche prétendent que Lénine avait les mains propres, qu'il était un homme qui voulait sincèrement le bonheur de l'humanité, que Staline a dévoyé son projet et que Trotski, dans un troisième temps de dissertation comme on apprend à les faire à l'Ecole normale supérieure, s'avère un remède à cette perversion du léninisme.

Mais à Paris, comme souvent, on se trompe ! Comment l'homme qui a créé l'Armée rouge et envoyé sa troupe mater par balles la rébellion authentiquement révolutionnaire de Kronstadt, au cours de laquelle des marins réclamaient les soviets au nom desquels la Révolution s'était faite, pourrait-il être un remède alors qu'il illustre une variation sur le thème du mal ?

Soljenitsyne effectue une lecture chronologique, historique, véridique : ces trois hommes incarnent trois facettes d'un même diamant noir. Ce sont trois orgueilleux, trois ambitieux qui défendent un même monde et se battent sur l'emballage destiné à faire oublier qu'il s'agit d'une question de personnes. La preuve, le premier « camp de concentration » – le mot date de 1917 et se trouve dans un décret du Conseil des commissaires du peuple daté de 1918 – est créé par Lénine, développé et étendu par Staline, et Trotski ne trouve rien à y redire tant qu'il gouverne…

Soljenitsyne montre avec force détails, chiffres et arguments que le régime marxiste-léniniste a tué beaucoup plus que le régime tsariste, et ce dans des proportions incommensurables et sur des temps plus concentrés ! Procès falsifiés, invention de culpabilités, montages d'affaires, suppression du droit de la défense, abolition des procédures, peines décidées avant l'ouverture du procès, impossibilité de faire appel : le schéma du Tribunal révolutionnaire de 1793 fait la loi. L'URSS a métastasé Fouquier-Tinville et propagé un cancer généralisé dans tout le pays.

Le camp de concentration pratique « l'extermination par le travail » – c'est le sujet du deuxième tome de *L'Archipel.* Quel besoin de dépenser de l'argent dans des chambres à gaz, dans l'approvisionnement en Zyklon B ? L'URSS pauvre en tout se sert des rigueurs du climat : comment pourrait survivre un prisonnier mis au travail par des températures de moins quarante ou moins cinquante degrés sans autre vêtement que des guenilles, sans nourriture conséquente, sans sommeil, sans chauffage, sans soins, qu'on asservit dans des journées de quatorze heures sur des chantiers à creuser à mains nues la terre gelée pour créer des canaux ou des voies ferrées (les quatre mille kilomètres du second Transsibérien par exemple…) qui se révèlent inutilisables faute d'ingénierie en amont, pour extraire des minerais, construire des centrales hydroélectriques, bâtir des villes, des ports, des usines atomiques, des routes, des consortiums industriels, des fonderies, l'université Lomonossov à Moscou ?

Chaque soir, les cadavres sont récupérés sur le chantier. Congelés, saisis dans la position où la mort les prend, ils sont secs. On les embarque sur des traîneaux et on les jette nus dans des fosses communes : en tombant dans ces trous ils « résonnent comme du bois ». Parfois, on ne les voit pas car ils sont recouverts par la neige. L'été, à la fonte, on découvre leurs squelettes : les os sont alors mélangés au ciment avec lequel on bâtit à la gloire de l'Empire bolchevique !

La rééducation par le travail c'est, écrit Soljenitsyne, une idée développée par Marx dans sa *Critique du programme de Gotha* – Hitler s'en souvint en 1933 qui fit apposer sur le portail d'entrée de ses camps de la mort : « Le travail rend libre ». Parlant de cette « extermination par le travail », Soljenitsyne écrit : « C'étaient des machines à tuer. Pour faire des chambres à gaz, nous avons manqué de gaz. » Il parle *avec raison* d'« Auschwitz du Nord ».

Soljenitsyne aggrave son cas dans le milieu germanopratin en associant Marx, Lénine, Staline, Trotski dans un même opprobre : leur projet est donc bel et bien le même… On ne peut jouer l'un contre l'autre – Marx contre Lénine, Trotski contre Staline –, car ils sont les acteurs d'une même pièce : celle du totalitarisme marxiste-léniniste.

Dans le camp de concentration, il y a pire que le camp de concentration : la répression du zek qui se serait mal comporté. Le pouvoir bolchevique hiérarchise les prisonniers : les droits communs sont les seigneurs, ils ne respectaient pas la propriété dans le régime tsariste. Si on ne les gracie pas, ils deviennent alors les alliés objectifs des bolcheviques, ils sont le bras armé de l'encadrement des camps, on leur passe tout, ils sont mieux traités, ils ont presque tous les droits. Leur cruauté est sans limite. Ce seront les kapos.

On reçoit les prétendus rebelles du camp dans des tentes dont les entrées sont faites avec des cadavres « raidis comme des bûches », gelés et entassés. On les punit ensuite par ce qui se voudrait pire là où le pire fait déjà la loi. Le raffinement dans la torture prend alors des formes inédites.

Parfois, des grâces sont accordées sans raison. Pas plus qu'il n'y en avait pour arrêter, torturer, incarcérer, il n'y en a pour libérer. Un jour, un prisonnier s'entend dire qu'il peut retourner à la vie civile. Sans raison ? Si, bien sûr, il en existe une : chacun se dit qu'il y a probablement un motif, probablement s'être bien comporté. La seule religion du camp, dit Soljenitsyne, c'est cet espoir de se retrouver un jour dans la peau du gracié. Dès lors, chaque jour que l'absence de Dieu fait, le prisonnier devient le gardien de lui-même et réalise la police du camp. Pour une poignée d'otages positifs ainsi libérés, des millions de déportés dociles, soumis, obéissants, silencieux.

Cessons là. *L'Archipel du Goulag* surclasse *L'Enfer* de Dante parce que celui-là fut et que celui-ci n'est pas. La glose sur le texte de Soljenitsyne serait infinie…

2
… il doit être exécuté !

Le 26 décembre 1991, l'URSS s'effondre comme un château de cartes. Ce régime fit, dit-on, *cent millions de morts*. Il n'y eut aucun Tribunal de Nuremberg pour rendre justice dans cette Russie qui recouvrait sa liberté. Ceux qui ont justifié ce régime, et le justifient encore, disposent de leur rond de serviette en France. Un PCF qui fut le compagnon de route de l'URSS jusqu'à sa fin ne passe pas pour un parti antidémocratique, opposé à la république et dangereux pour elle. Même chose avec les partisans de Jean-Luc Mélenchon et Mélenchon lui-même dont la constance haineuse à l'endroit de Soljenitsyne est à remarquer – y compris lors de sa mort où il a craché sur le cadavre pas encore enterré…

D'abord, hommage à ceux qui ont salué l'œuvre sans savoir si son auteur pensait à droite ou à gauche : Raymond Aron, Maurice Clavel, François Furet, Edgar Morin, Claude Roy, Jean-Marie Domenach, André Glucksmann, Claude Lefort, Jean-François Revel, Max Gallo, Jean Daniel, Georges Suffert, Dominique Jamet, Benoît Rayski, Kostas Papaïonnaou, Roger Dadoun, Pierre Sipriot. *Le Nouvel Observateur, L'Express, Le Point, Le Figaro, L'Aurore* se sont trouvés du bon côté.

En face, en 1974, Philippe Sollers attaque Soljenitsyne dans *Tel Quel*. BHL aussi et le fait savoir dans *Le Quotidien de Paris*, avant pour l'un et l'autre, au vu du bruit médiatique, de changer d'avis et de passer de l'autre côté.

Quand il est contre, dans les pages du *Quotidien de Paris*, dont il a la responsabilité, BHL écrit, en avril 1974 : « On a beaucoup parlé de Soljenitsyne, qui n'est pas un grand écrivain, mais qui arrangeait bien nos affaires » – sous-entendu nos affaires anticommunistes. Dans le même journal, le mois suivant, l'auteur de *L'Archipel* est assimilé à un « mythomane », à un « gaffeur », à un « show-bizman » qui colporte des ragots. BHL estime que Soljenitsyne fait partie des « quelques pitres qui nous arrivent périodiquement, romanciers du XIXe siècle égarés au XXe siècle » – c'est la thèse de Barthes…

Quand il est pour, c'est-à-dire trois ans plus tard, BHL écrit dans *La Barbarie à visage humain* : « Soljenitsyne est le Shakespeare de notre temps, le seul qui sache montrer les monstres, contraigne à voir l'horreur, force à fixer le Mal. Notre Dante aussi bien, car il a, du Poète, ce fabuleux pouvoir de mettre en images et en mythes ce qui se dérobe par nature à l'analyse et au concept. Il fallait une *Divine Comédie* pour représenter l'enfer moderne du Goulag dont il trace, d'un livre à l'autre, l'atroce photographie… » – remarquons au passage que *tracer une photographie* s'avère une performance esthétique inédite. Soljenitsyne n'est donc pas un grand écrivain, bien qu'il soit le Shakespeare et le Dante de notre époque. Comprenne qui pourra…

Le PCF a décidé de sa ligne dans le bureau de Georges Marchais. Voici ses éléments de langage : on savait déjà tout ça, le PC d'Union soviétique l'a révélé et dénoncé lui-même en son temps avec Khrouchtchev. Dès lors, revenir là-dessus alors que ça n'est plus le quotidien de l'URSS c'est faire acte d'antisoviétisme, d'anticommunisme et, en vertu de la jurisprudence sartrienne, *tout anticommuniste étant un chien*, Soljenitsyne doit être traité comme tel.

Le Parti attaque donc Soljenitsyne, sa vie, son œuvre, son livre, sa pensée, ce qu'il est, ce qu'il fait et ne recule devant rien pour le discréditer – calomnies, insultes, insinuations, procès d'intention, attaque ad hominem, etc. Il serait un agent de la CIA, il ment, il affabule, il est un chrétien réactionnaire tsariste, il est conduit par le lucre, il cherche à saboter l'entreprise de « normalisation » occidentale de l'URSS, il est antisémite, il manifeste un antisoviétisme primaire, il fait l'éloge d'un officier russe, Vlassov, coupable de compagnonnage avec les nazis.

On s'étonne de ces deux derniers arguments chez des communistes qui, à Moscou comme à Paris, ont justifié les procès antisémites dit des Blouses blanches en 1953 et qui avaient en amont souscrit au pacte germano-soviétique qui, *du 23 août 1939 au 22 juin 1941*, les a fait collaborer avec les nazis aussi bien en France qu'en URSS ! Le PCF, dont le premier secrétaire Georges Marchais semble avoir été volontaire au Service du travail obligatoire, a la mémoire courte et la dialectique fébrile !

Le patron du KGB, Iouri Andropov, qui préside aux destinées de l'URSS entre 1983 et 1984 avant d'être rattrapé par la mort, « a consciemment propagé des thèses selon lesquelles [Soljenitsyne] était nationaliste, défenseur du système tsariste, antisémite » (AFP, 4 août 2008). Où l'on voit que tel ou tel de La France insoumise[1] répète depuis des décennies les éléments de langage du KGB des années 1970-1980.

L'Humanité se fait le perroquet de la propagande soviétique dans un nombre incroyable d'articles. C'est la plupart du temps Serge Leyrac qui s'y colle : avec *L'Archipel du Goulag*, Soljenitsyne s'attaque-

1. Jean-Luc Mélenchon, Eric Coquerel, Alexis Corbière.

rait au « système social » (21 janvier 1974) de l'URSS ! Dans ce livre, il « a effacé la fin de l'exploitation de l'homme par l'homme, de l'ignorance, du chômage, des crises économiques et de tant d'autres choses qui embellissent notre société capitaliste » ! Il prendrait la défense du général Vlassov coupable d'intelligence avec l'ennemi nazi ! Dans une autre livraison (30 janvier 1974), sur le même support, le même Leyrac définit l'antisoviétisme en général, et celui de Soljenitsyne en particulier, par l'ardeur à « dénaturer la réalité [*sic*] de l'URSS pour mieux la condamner ». Il cite comme caution Jean-François Kahn qui, sur les ondes d'Europe 1, fait de l'auteur de *L'Archipel du Goulag* un « réactionnaire ». Puis il confesse, naïvement, qu'il parle de ce livre sans l'avoir encore lu... Leyrac toujours, *L'Humanité* (16 juillet 1974) encore : le livre de Soljenitsyne est « un pamphlet, un long chapelet d'imprécations véhémentes contre le système social, voulu et défendu âprement par le peuple dont il est issu ». Le journaliste estime qu'on ne peut ainsi condamner le socialisme, le soviétisme, le peuple, le progrès, l'URSS, évidemment assimilés, sans vouloir revenir à « la préhistoire de l'humanité »... Soljenitsyne est un réactionnaire, un chrétien mystique, un compagnon de route des compagnons de route du nazisme...

Dans *L'Archipel du Goulag*, Soljenitsyne lui-même précise que quiconque pense librement et manifeste des critiques envers le totalitarisme marxiste-léniniste est traité de « fasciste » ! De la part, rappelons-le, de communistes qui ont collaboré avec les nazis *pendant deux ans* avant que les nazis eux-mêmes ne mettent fin unilatéralement à cette idylle avec l'opération Barbarossa, voilà qui ne manque pas de sel !

Dans *Le Monde diplomatique* (mars 1974), Claude Julien se fait le thuriféraire des thèses soviétiques : en attaquant l'URSS, Soljenitsyne affaiblit le PCF qui est l'allié du Parti socialiste dont le candidat François Mitterrand brigue alors la magistrature suprême sous les couleurs de l'Union de la gauche : « cet antisoviétisme ne visait pas Moscou, mais les partis groupés autour du programme commun de la gauche ».

Sur le plateau d'« Apostrophes », la mythique émission de Bernard Pivot, Jean

Daniel ne sera pas sans défendre cette thèse, du bout des lèvres et d'une façon très jésuitique. Mitterrand fit lui aussi assaut de minauderies pour ménager la chèvre et le chou : il ne fallait pas désespérer l'électeur de Billancourt, il ne devait pas non plus fâcher le bourgeois socialiste...

Le Monde apporte sa pierre à cet édifice avec une double page ayant pour titre « L'URSS en question » (21 juin 1974) dans laquelle il donne la parole aux hiérarques du PCF... En gros : à quoi bon s'attarder sur les millions de morts du Goulag si cela doit déboucher en France sur l'échec de Mitterrand et le succès de Giscard d'Estaing aux élections présidentielles ?

La Pravda avait traité Soljenitsyne de « répugnant reptile ». En France, ce journal avait ses épigones – ils existent toujours, même si l'URSS est morte et qu'ils semblent ne pas le savoir...

François Mitterrand fut élu président de la République avec les voix communistes en mai 1981. Il nomma quatre ministres PCF au gouvernement. Trois ans plus tard, ils avaient disparu. Quid aujourd'hui du PCF ?

L'Archipel du Goulag, lui, est toujours là.

Paul Yonnet

Voyage au centre du malaise français
(1993)

1
Le premier qui dit la vérité…

La publication posthume de *Zone de mort* (2017) raconte le cauchemar vécu par Paul Yonnet (1948-2011), un sociologue normand trop tôt emporté par une maladie qui l'avait déjà frappé dans ses jeunes années. Si l'on en juge par la sagacité de *Voyage au centre du malaise français. L'antiracisme et le roman national* (1993) et par *François Mitterrand : le phénix* (publié en 2003 mais rédigé en juillet 1996), la France a perdu l'un de ses plus lucides penseurs. Les diagnostics posés par lui dans ces deux livres sont d'une redoutable justesse. Dans le petit cimetière d'Agon-Coutainville, dans la Manche dont il était originaire, on peut lire, gravé sur sa tombe : *Gaudium veritatis*, ce qui veut dire *La joie de la vérité*. Dans un monde qui n'aime ni la joie ni la vérité, et qui serait donc de ce fait bien en peine de savoir ce qu'est *la joie de la vérité*, Paul Yonnet rayonne en précurseur lumineux.

Comme si, déjà touché par l'aile de la mort quand il avait vingt ans, il se savait en sursis, Paul Yonnet écrit en baroque comme quelqu'un qui parlerait sans arrêt afin d'employer au maximum un temps qu'il saurait compté. Il semble rédiger au fil de la plume, ne pas se soucier de la composition, il effectue des incises, ajoute une annexe, lance une piste en note, il compose de longues phrases qui essoufflent la pensée, il commente longuement un propos tenu à la télévision, une phrase dans un article de journal, tout aussi bien que l'*Eichmann à Jérusalem* d'Hannah Arendt. A raison, il accorde à une analyse de Raymond Aron, pour qui Vichy ne fut pas un fascisme, autant d'importance qu'à un propos tenu par Harlem Désir sur un plateau de télévision. Il embarque, il emporte, il dérive, il reprend le cap, mais il arrive au port décoiffé et décoiffant, ébouriffé et ébouriffant. Il ne fait rien d'autre, en 1993, que nous dire ce qui est et prédire ce qui est advenu depuis. Il était lucide et clairvoyant ; il manque à la pensée française.

Comment la France en est-elle arrivée là où elle en est, c'est-à-dire haineuse d'elle-même, jouissant d'une délectation morose à tout ce qui salit sa mémoire, célébrant tout ce qui détruit le peuple français, la nation, le pays, la civilisation, la culture ?

Pour répondre à ces questions, il faut faire une belle place à son autre ouvrage, *François Mitterrand : le phénix*, qui montre quel rôle thanatophilique a joué ce président de la République venu de l'extrême droite sans jamais vraiment la quitter, qui a jeté par-dessus bord le socialisme en 1983 et engagé le pays dans la disparition de sa souveraineté avec le traité de Maastricht en 1992. Cet homme qui a gouverné la France hanté par la mort qui le rongeait et qui eut pour seul souci de laisser une trace dans l'Histoire, quoi qu'il dût en coûter au pays et au peuple, cet homme, donc, n'est pas pour rien dans cette entrée du pays dans le propylée d'un funérarium idéologique.

Il n'existe qu'un seul fil d'Ariane pour sortir du labyrinthe Mitterrand : il n'a été au service d'aucune idée parce qu'il a mis toutes les idées à son service. Compagnon de route de la Cagoule et de l'extrême droite avant-guerre, vichyste, maréchaliste, giraudiste pendant, vichysto-résistant fut-il dit ensuite pour cacher l'infamie, et farouchement antigaulliste jusqu'à la dernière seconde de son existence. Il s'est servi de la gauche pour parvenir au pouvoir et, dès 1983, il n'a eu de cesse de la jeter à la poubelle au profit d'un nouveau projet : noyer la souveraineté française dans une Europe libérale, celle du traité de Maastricht.

Le projet sociétal, donc politique, politique donc sociétal, porté par SOS Racisme s'inscrit dans cette logique de l'abandon du socialisme par Mitterrand suivi et soutenu en cela par le Parti socialiste. SOS Racisme naît en 1984, un an et demi après la parenthèse libérale, jamais refermée, qui fait passer la gauche dans le camp du giscardisme. La *Génération Mitterrand,* dite aussi par l'hilarant Laurent Joffrin qui s'y connaît en la matière *Génération morale*, hérite de la déception des soixante-huitards qui avaient espéré le Grand Soir en Mai 68 et n'ont obtenu qu'un libéralisme libertaire, d'abord porté par Giscard, repris ensuite par Mitterrand en recherche d'une idéologie de substitution.

Jadis, quand la gauche était de gauche, elle disposait d'un logiciel : elle se trouvait clairement du côté des victimes du capitalisme et pensait en termes de lutte des classes. Avec SOS Racisme, la lutte des classes se trouve remplacée par la lutte des races. La gauche socialiste, qui pilote l'aventure SOS avec Jack Lang et Pierre Bergé, Julien Dray et Harlem Désir, se détourne de la Nation, de la France, du peuple, des travailleurs, du récit national qui faisaient les riches heures de Jaurès, de l'école républicaine et du socialisme d'avant Mai 1981. Tout cela se trouve rangé dans le magasin des accessoires pétainistes, racistes, vichystes, maréchalistes, puis, un degré au-dessus, nationaux-socialistes, nazis, exterminationnistes…

Veufs d'une révolution internationaliste, les anciens soixante-huitards ont repris du poil de la bête avec un projet racialiste cosmopolite lui aussi internationaliste. Avec

SOS Racisme, l'assimilation, qui permettait, via la République, de fabriquer un peuple homogène nonobstant les couleurs de peau, les sexes et les sexualités, les races, les religions, se trouve fascisée, nazifiée.

Paul Yonnet montre combien *L'Idéologie française,* un livre de BHL publié en 1981, a contribué à cette nazification de l'identité de la France présentée par le Nouveau Philosophe comme la « patrie du national-socialisme » !

Le général de Gaulle, qui, à la Libération, hérite d'une France où les écrivains, les journalistes, les professeurs, les juges, les universitaires, les éditeurs, la haute administration, la police, les députés, les ministres, les artistes, les philosophes de Saint-Germain-des-Prés ont été nombreux, très nombreux, à trouver des vertus à l'Occupation, crée le mythe d'une France résistante dans le seul but pragmatique de gouverner ici et maintenant un pays à reconstruire. Ce mythe fait le bonheur du PCF, de ses sympathisants et de ses électeurs qui voient ainsi mise sous le tapis la poussière du pacte germano-soviétique en vertu duquel le Parti, inféodé à Moscou, a collaboré pendant deux années avec l'occupant. Un tabou majeur en France.

Ce mythe d'une France toute résistante se trouve remplacé, via SOS Racisme, par le mythe d'une France toute collaborationniste, vichyste, maréchaliste, fasciste – nazie même puisque, selon BHL, sans les penseurs français, il n'y aurait jamais eu de solution finale… Dans ce dernier quart du XXe siècle, la France toute de Jean Moulin et du général de Gaulle laisse donc la place à la France toute de Robert Brasillach et du maréchal Pétain.

Pour obtenir cette transmutation des valeurs, le couple résistants contre collabos se trouve réinvesti ; le Juif qui concentrait la haine du projet vichyste et nazi reprend lui aussi du service. Ainsi, le Juif d'aujourd'hui, c'est l'immigré ; le résistant, celui qui veut que le sang neuf de l'immigré, via le métissage, purifie le vieux sang français corrompu par son ADN exterminateur ; le collaborateur, celui qui défend le projet assimilationniste républicain et prétend créer un Français en abolissant la différence.

Pour réaliser cette inversion des valeurs, il faut donc opposer un projet sociétal à un projet social, sinon socialiste ; un projet multiculturel à un projet national ; un projet communautariste à un projet assimilationniste ; un projet panethnique de type américain à un projet républicain de nation française ; un projet construit autour de l'émigré, de l'immigré, du migrant contre un projet construit autour du peuple, de l'ouvrier, du prolétaire ; un projet de l'identité pluriethnique contre un projet de l'identité française ; un projet du droit à être français pour tous contre un projet aux droits et devoirs du citoyen français ; un projet d'« altruisme intégral » contre un projet de « nationalisme intégral » ; un projet de dépassement et de dilution de la France blanche contre un projet de France métissée sur le principe d'une « harmonie panraciale ».

Quiconque refuse ces nouveaux projets se trouve criminalisé : « antisémitisé », écrit Paul Yonnet dans un néologisme qui mériterait de passer à la postérité. Dès 1984, sous le regard bienveillant de François Mitterrand, le récit national gaullo-communiste, dont on se doute qu'il n'est pas le sien et ne l'a jamais été, se trouve associé à un récit antisémite, xénophobe, raciste, pétainiste, fasciste, et, on l'a vu, nazi…

Cette idéologie issue de l'internationalisme post-national soixante-huitard se trouve portée par l'Etat mitterrandien : SOS Racisme sonne le glas des intellectuels politisés et adoube des people au capital intellectuel un peu court – Coluche, Yves Montand, Kouchner, Tapie, Renaud avec BHL en cerise sur le gâteau… Fini le règne des Sartre et Aron, des Deleuze et Guattari, sinon des Foucault et Derrida, voici venu le temps des Potes avec leurs concerts gratuits et leur idéologie dupliquée non stop dans les écoles, les médias, la presse, l'édition, le show-biz, la rue.

Les discours racistes qui, au temps de Gobineau ou Vacher de Lapouge, sinon d'Hitler, s'appuyaient sur la peau, la race, le sang reprennent vie : l'antiracisme, c'est la thèse du livre de Paul Yonnet, réactive le racisme en célébrant la préférence ethnique, la discrimination racialiste, l'essentialisation des races – la blanche toujours du côté du crime, qui plus est : du crime des crimes, le régime national-socialiste tout entier réduit au mot « Shoah », la non-blanche toujours du côté des victimes.

Feu le socialisme détruit par Mitterrand mais également feu l'Eglise catholique déconstruite par Vatican II s'avèrent autant d'idéologies devenues minoritaires dans le pays. Voilà pour quelles raisons elles souscrivent à ce nouveau logiciel concocté par SOS Racisme dans les officines de l'Elysée où se trouve préparée cette idéologie de rechange postsocialiste avec l'argent du contribuable et celui de Pierre Bergé. Le service public est mobilisé pour assurer éhontément cette propagande d'Etat. Déjà…

Le mot d'ordre de ce nouveau catéchisme est : *il n'y a pas de problèmes d'immigration, mais un problème d'intégration des immigrés*. L'ennemi n'est pas celui qui refuse de s'assimiler pour devenir français en France mais le franchouillard, le « Beauf » de Cabu, les Deschiens de Canal+, les « Petits Blancs » systématiquement assimilés aux racistes, aux antisémites, aux xénophobes. C'est de cette époque que date la haine du peuple français associé par principe à la veulerie collaborationniste, comme si les intellectuels, dont la plupart étaient parisiens, n'avaient pas payé un plus lourd tribut au compagnonnage avec l'occupant nazi !

Autre mot d'ordre : *l'immigration est une chance pour la France*. Paul Yonnet consacre des pages grinçantes mais tellement justes à montrer que, dès que le peuple français craint de disparaître sous l'afflux d'une immigration qui n'est plus « de main-d'œuvre » mais « de peuplement », il est antisémitisé, nazifié, fascisé, pétainisé, hitlérisé. En revanche, quand le capital voit son espace vital menacé par les Japonais, il a, lui, le droit de manifester une « nippophobie » qui trouve sans problème sa place dans les journaux, les magazines, les médias où on lui déroule le tapis rouge. Cette « xénophobie de classe » est ironiquement analysée. Qu'on se souvienne d'Edith Cresson qui, alors à Matignon, contribuait à ce racisme de la France d'en haut en comparant les Japonais à des fourmis...

Un troisième commandement de ce nouveau bréviaire : *la France est traditionnelle-*

ment une terre d'immigration. Paul Yonnet fait savoir que l'immigration n'est pas une chose en soi mais une réalité historique : venir pour faire la France n'est pas la même chose que venir pour la défaire. Une immigration motivée par le travail doublée d'une assimilation n'est pas la même chose qu'une immigration occasionnée par le désir d'effacer un modèle de civilisation pour en imposer un autre sur le mode communautariste. L'immigration massive de remplacement, écrit-il, date du XXe siècle et n'existait pas avant.

Un quatrième : *il n'y a pas plus d'immigrés qu'avant*. Or, la démographie en témoigne, il s'agit d'une contre-vérité, même à la date à laquelle le sociologue écrit. Depuis le XXe siècle, les flux se sont amplifiés dans l'histoire au moins millénaire du pays, notamment après la politique de décolonisation menée par un certain général de Gaulle ! Les pays africains, dont l'Algérie, qui ont accédé à la souveraineté ont profité de l'appel d'air rendu possible par une Europe devenue maastrichienne qui prive la France de souveraineté et se moque comme d'une guigne de contrôler les flux migratoires. Paul Yonnet a la douce cruauté de citer des propos de François Mitterrand, d'Edith Cresson, de Jacques Chirac, de Claude Allègre, de Michel Rocard, les vedettes de l'époque, pour qui l'immigration est dénoncée comme inquiétante pour l'identité de la France…

A l'heure où l'écriture inclusive passe pour un marqueur progressiste dans une gauche convertie au giscardisme, il n'est pas sans intérêt de mettre en relation cette tentative contemporaine de détruire la langue avec une autre qui fut attachée au projet qu'eut Michel Rocard de réformer l'orthographe en 1990.

Libération, jamais en retard d'une erreur – défendant Mao et le maoïsme (1971), puis la pédophilie (1977), puis Pol Pot (1975), puis la coprophagie et la zoophilie (2014), puis les violeurs (2021) –, prend fait et cause pour cette réforme de l'orthographe car, en vertu de l'idéologie défendue par ce journal, la destruction de la langue française s'avère une excellente chose. Cette feuille de chou déjà très subventionnée, alors dirigée par Serge July, soutient ce projet en avançant que réformer l'orthographe est un vieux serpent de mer qui existait déjà en 1893 et que, déjà, *horresco referens,* ceux qui la refusaient à cette époque étaient… des opposants à Dreyfus ! Ce 8 janvier 1991, *Libération* « antisémitise » quiconque préfère qu'on écrive « nénuphar » plutôt que « nénufar ». Un pas supplémentaire et l'instituteur qui défend l'orthographe correcte passerait pour un nazi ! *Libération* n'a pas changé de méthode.

Pour les progressistes autoproclamés, la réforme de l'orthographe est une bonne chose car, écrit Paul Yonnet : « Il ne faut jamais oublier – proclament en effet les spécialistes partisans des rectifications – que la réforme est faite pour les enfants et les adultes en difficulté qui tentent d'écrire notre langue, pour les francophones étrangers, pour les nombreux Français d'origine étrangère qui peuplent les classes de métropole et à qui il faut faciliter l'apprentissage du français. Les difficultés de la langue française deviennent en quelque sorte une *insulte à l'égalité.* » Qui dira que, trente ans plus tard, le projet d'écriture inclusive n'entre pas dans la résolution orwellienne de détruire la langue française, un projet auquel on ne saurait s'opposer sans passer de facto pour un national-socialiste !

2
… il doit être exécuté !

A tout seigneur tout honneur, c'est Laurent Joffrin, journaliste à *Libération*, qui se charge d'initier la mort intellectuelle de Paul Yonnet en faisant du sociologue un compagnon de route du Front national, une vieille rengaine chez lui. En d'autres temps, l'Inquisition de Torquemada ou le Tribunal révolutionnaire de Fouquier-Tinville, dans le Berlin de Goebbels ou le Moscou de Jdanov, le Cuba de Castro ou le Chili de Pinochet, on voit bien qui aurait fait quoi, quand et comment. En 2021, privée de ces moyens-là, cette engeance s'en trouve réduite à n'armer que des guillotines en papier.

Paul Yonnet avait prévu l'accueil qu'on réserverait à son livre et à ses thèses. Il écrit en effet que « la technique de l'antisémitisation hyperbolique ou artificieuse de l'adversaire idéologique, aujourd'hui élevée à hauteur de réflexe conditionné », sera activée à son endroit. Elle l'a effectivement été.

Paul Yonnet fut bien sûr rapproché de Jean-Marie Le Pen par de nombreux journalistes dont Maurice Szafran dans *L'Evénement du jeudi*, qui en rajoute une couche en faisant de lui un genre de compagnon de route de « l'ex-milicien François Brigneau » non sans que le journaliste précise qu'il préfère le collaborateur qui entre dans la Milice après le débarquement du 6 juin 1944 eu égard à sa « plume tellement plus talentueuse ».

La dénonciation d'une lepénisation va de pair avec une critique du style, un argument qu'on ne trouve nulle part quand il s'agit de Deleuze et Guattari, Derrida ou Bourdieu qui ne sont pourtant guère plus fluides ou limpides... Certes, Yonnet jargonne, mais il reste compréhensible, ce qui n'est pas toujours le cas des déconstructionnistes de gauche. Robert Maggiori dans *Libération* et Roger-Pol Droit dans *Le Monde*, qui secouent l'encensoir au moindre livre de Gilles Deleuze, se découvrent à l'occasion soucieux de ligne claire en philosophie. Une fois n'est pas coutume.

La critique disqualifie également le travail de Paul Yonnet en parlant de « pamphlet ». Qui peut prendre au sérieux les thèses d'un livre qui ne serait qu'un libelle ? André Comte-Sponville parle de « hargne » contre son sujet, l'antiracisme, non sans traiter par deux fois d'« imbéciles » ceux qui ne pensent pas comme lui… A hargneux, hargneux et demi. L'ouvrage n'aurait rien de scientifique, il ne serait pas d'un sociologue mais d'un militant politique acquis aux thèses de l'extrême droite qui fait le jeu du Front national. Joffrin effectue une variation sur ce thème psychologisant, sinon psychiatrisant : ce *Voyage* est un livre de « ressentiment ». Jean-Paul Enthoven, dans *Le Point*, assure qu'il va traiter le sujet « à la loyale » – quiconque connaît le personnage pouffera –, avant de disserter sur « les arrière-pensées d'un tel ouvrage » comme si ses pensées ne suffisaient pas. Variations sur le thème des arrière-pensées, Luc Ferry, dans *L'Express*, s'interroge non sans habileté sur les véritables motivations de Paul Yonnet en supposant qu'elles ne seraient pas si claires que cela. Roger-Pol Droit, dans *Le Monde*, parle de « divagations ». Jean Daniel, qui sans voir malice avoue penser les commentaires du livre plus que le livre, juge un ouvrage qu'il semble ne pas avoir lu en le trouvant « exécrable », « suspect », « consternant » et invite à lui préférer, sans rire, les analyses… de Jacques Delors. Quant à Jean-François Kahn, qui, déjà, voyait des rouges-bruns partout, il se fait Ponce Pilate en présentant un dossier avec un lecteur pour – qui est souvent contre –, André Comte-Sponville, et un autre contre – qui s'avère franchement contre –, Maurice Szafran, qui parle d'un « vulgaire pamphlet » tout en assimilant Paul Yonnet aux catholiques intégristes lepénistes ! Où est le pamphlétaire ?

Qui peut après cela avoir envie de lire le gros livre d'un pamphlétaire lepéniste qui écrit comme un cochon et défend les thèses des miliciens, des collaborateurs et des idéologues de l'extrême droite française, animé par des pulsions pathologiques ?

L'article que Laurent Joffrin fait paraître dans *Le Nouvel Observateur* sous le titre subtil *Quand l'intelligentsia soutient Le Pen* donne le ton. Le chapô en rajoute : « *C'est un livre qui va faire scandale. Son auteur, Paul Yonnet, le sociologue vedette de la revue "Le Débat" éditée par la vénérable maison Gallimard, reprend sous une forme universitaire la thèse du Front national sur les immigrés et leurs défenseurs.* » Il ne serait guère besoin, après cela, de lire l'article, Joffrin a donné toute sa mesure en trois lignes, le reste est délayage, comme souvent avec lui.

Regardons comment fonctionne ce que Paul Yonnet nomme « l'antisémitisation » – une méthode accrochée aux basques de Joffrin. C'est un cas d'école.

D'abord le performatif : Joffrin annonce que le livre va faire scandale parce qu'il crée lui-même le scandale. Le journaliste interdit le débat, la confrontation, la critique honorable en choisissant le mode… pamphlétaire ! Deux semaines avant que l'ouvrage ne se trouve en librairie, donc bien avant que le lecteur de son article soit en mesure de se faire un avis par lui-même, le livre est abattu en plein décollage. La polémique créée par Joffrin interdit que le lecteur puisse désirer se faire un avis : qui va acheter et lire un livre lepéniste, donc fasciste ?

Ensuite la perfidie, bien dans l'esprit du rédacteur en chef de ce magazine : Yonnet serait un « sociologue vedette » ! D'où tient-il cette information ? « Vedette » selon quels critères ? Les chiffres de vente ? La notoriété ? La visibilité médiatique ? La place dans le dispositif intellectuel parisien, donc français ? La fréquence des polémiques associées à son nom ? Rien de tout cela. Performatif là encore.

Pour filer la métaphore perfide, Joffrin feint de s'étonner : le livre est paru dans une collection des éditions Gallimard, une maison qu'il qualifie de « vénérable », autrement dit digne d'être vénérée, mais qui, du fait de la publication de ce livre, pourrait, d'un seul coup d'un seul, cesser de l'être…

En une poignée de mots qui introduisent l'article, il est dit : « *Voyage au centre du malaise français* » ou « plutôt Jean-Marie que Harlem ». Le titre est entre guillemets, la phrase également, ce qui laisse croire que le titre étant de Yonnet, la phrase le serait également. Ce qui est tout simplement faux. Jamais bien sûr Paul Yonnet n'a dit : « Plutôt Jean-Marie que Harlem. »

Après cet assassinat en règle en une poignée de signes, Joffrin développe. Il attaque Gallimard, créditée d'une vraie valeur puisque située au « centre gauche » et « soucieuse de défendre la démocratie et [les] droits de l'homme ». Chacun comprend que Paul Yonnet ne campe pas au bon endroit intellectuel, le centre gauche, et que, de ce fait, il est ni plus ni moins contre la démocratie et les droits de l'homme. Rien dans son livre ne permet d'affirmer qu'il refuserait la démocratie pour lui préférer un régime autoritaire, dictatorial, fasciste pour tout dire, ni qu'il vouerait la Déclaration des droits de l'homme et du citoyen aux gémonies comme un vulgaire auteur de la Contre-Révolution. Mais la chose est dite : Yonnet ? un homme qui n'est ni au centre, ni à gauche, qui hait la démocratie et les droits de l'homme. Nous sommes sur la voie qui conduit aux fascismes, puis au nazisme… En publiant Yonnet, Gallimard renonce au camp du bien et pénètre dans l'enfer. Le sociologue a en effet franchi « la ligne rouge avec préméditation ». Et la ligne rouge, c'est Joffrin qui en est le gardien et qui décide quand elle est dépassée.

Joffrin écrit : « L'identité française est-elle si menacée en cette fin de XXe siècle ? Sommes-nous vraiment au bord de la déculturation, de la subversion générale de nos modes de vie, de la dépersonnalisation massive de la population française ? Ne voit-on pas, au contraire, que parmi les grandes nations industrielles, la France est l'une de celles qui maintiennent le mieux leur personnalité ? Et que pèse la soi-disant "menace immigrée" face à un héritage solide, deux fois millénaire ? Croit-on sérieusement que 10 ou 15 % de Noirs et de Maghrébins pauvres, confinés dans des tâches d'exécution et entassés dans des cités de banlieue puissent dénaturer la culture française ? Les fantasmes nationalistes sont inépuisables : Yonnet en est la savante victime. » Et Joffrin de crier au lepénisme comme un perroquet incapable d'autre chose.

La photographie qui accompagne l'article de Joffrin dans *Le Nouvel Observateur* ne manque pas d'intérêt : elle montre un Africain et un Asiatique tenant un drapeau éthiopien sans ses armes avec en lieu et place un poing refermé sur un fil de fer barbelé. Un Blanc extérieur à cette manifestation patriotique étrangère regarde les deux comparses. La légende dit : « Réunis sous la même bannière, beurs, blancs, feujs et gaulois, une génération qui, loin de menacer l'identité française comme le prétend Paul Yonnet, en est sans doute l'expression républicaine la plus achevée. » Le drapeau de la République française, celui, vert, jaune et rouge, de l'Ethiopie ? On ne peut réussir meilleur lapsus…

Pierre Nora obtiendra un droit de réponse en s'étonnant que Joffrin se comporte d'une « façon moralement aussi douteuse ». Il n'est guère besoin d'aller plus loin, tout était dit.

Trente ans plus tard, qui de Paul Yonnet ou de Laurent Joffrin a eu raison ? Hélas le premier est mort alors que le second pérore encore en tenant les mêmes discours avec le même aplomb. Si le Rassemblement national devait arriver un jour au pouvoir, il pourrait remercier son bon soldat méritant de Joffrin.

Paul Yonnet n'a rien dit d'autre que cela.

Samuel Huntington

Le Choc des civilisations
(1996)

L'HISTOIRE APRÈS LA FIN DE L'HISTOIRE

1
Le premier qui dit la vérité…

Quand tombe le mur de Berlin le 9 novembre 1989 et que, via l'onde de choc, l'Empire soviétique s'effondre le 26 décembre 1991, la face du monde, évidemment, s'en trouve changée. Comment dès lors penser cette nouvelle configuration géopolitique, géostratégique ?

Le logiciel occidental fonctionnait à plein régime avec une opposition binaire entre les Etats-Unis et l'Union soviétique. C'était alors un face à face, ou un dos à dos, entre l'Empire du Bien et l'Empire du Mal, le bien de l'un étant le mal de l'autre et vice versa, entre le capitalisme qui célébrait la liberté au détriment de l'égalité et le marxisme qui vénérait l'égalité mais se moquait comme d'une guigne de la liberté. C'était Moscou contre Washington et retour. Un monde en noir et blanc.

Deux hommes se sont emparés de cette question. Chacun avec leur réponse. L'un, Francis Fukuyama, publie *La Fin de l'histoire et le Dernier Homme* en 1992. Il développe une thèse défendue dans un article à l'été 1989. Samuel Huntington, avec *Le Choc des civilisations,* répond en 1996 à celui qui fut son élève. Cet ouvrage développe lui aussi des idées exposées dans un article paru pendant l'été 1993.

La thèse de Fukuyama est simple, sinon simpliste, voire simplette : elle applique de façon scolaire, sinon américaine, la thèse hégélienne de la fin de l'histoire en la situant dans l'actualité : la chute de l'Empire soviétique annonce la fin de l'histoire ; elle rend caduc le combat entre le marxisme et le libéralisme en consacrant le triomphe du marché sur la totalité de la planète. Nous sommes dans le moment synthétique d'une copie de bac : thèse libérale, antithèse marxiste et synthèse postmarxiste assurant la vérité du libéralisme… C'est beau non pas comme l'antique, mais comme une pensée issue d'un monde, les Etats-Unis d'Amérique, qui entre dans l'Histoire avec les petites chaussures d'un enfant…

Huntington, quant à lui, ne sacrifie pas à la facilité néo-hégélienne revue et corrigée par la niaiserie des campus américains. Il propose de sortir d'une vision binaire faussement résolue sur le papier par une thèse multicolore, polychrome, qui rend mieux compte du réel et ne l'encage pas dans l'idéologie de l'idéalisme allemand. Sa thèse ? A l'évidence, la chute de l'Empire soviétique impose un nouveau paradigme. Les oppositions ne s'effectuent plus selon les idéologies, le capitalisme contre le marxisme par exemple, mais selon les religions, les spiritualités, les cultures, les civilisations. Ce ne sont plus des nations qui s'opposent mais des civilisations. Ces lignes de forces civilisationnelles seront des lignes de fracture, donc des lignes de conflits qui opposeront désormais des blocs spirituels.

Ces thèses ne sont pas sans faire penser au Malraux auquel on prête cette phrase qui semble apocryphe, mais qui aurait tellement pu être de lui qu'on l'imagine bien orchestrant son caractère apocryphe, en vertu de laquelle le XXIe siècle sera *religieux* ou, selon une autre version, plus malrucienne, *spirituel*.

Huntington constate que, le 18 avril 1984, en plein cœur de l'Europe chrétienne, deux mille personnes se retrouvent dans les rues de Sarajevo pour brandir des drapeaux de l'Arabie saoudite et de la Turquie. Les manifestants n'avaient pas choisi le drapeau européen, américain, ni même celui de l'OTAN, mais celui de ces deux pays clairement musulmans. Huntington écrit : « Les habitants de Sarajevo, en agissant ainsi, voulaient montrer combien ils se sentaient proches de leurs cousins musulmans et signifier au monde quels étaient leurs vrais amis. » Lors de la guerre de Bosnie, les Bosniaques musulmans étaient soutenus par la Turquie, l'Iran et l'Arabie saoudite. La Serbie orthodoxe, quant à elle, l'était par la Russie. C'était donc une guerre de civilisations entre le bloc musulman et le bloc chrétien. On comprendra dès lors que défendre la Bosnie ou prendre le parti de la Serbie, c'était choisir une civilisation contre une autre.

On saisit donc bien pourquoi pareilles vérités ont pu gêner quelques idéologues germanopratins toujours prompts à célébrer ce qui détruit les identités des nations ou des civilisations parce qu'ils travaillent à l'avènement d'un gouvernement mondial, autrement dit : à la construction de l'Etat total cher au cœur de Carl Schmitt, l'idéologue du IIIe Reich !

En 1996, autrement dit *il y a un quart de siècle*, Huntington constate que l'influence de l'Occident décline, que l'Asie grandit, que la Chine monte en puissance, que l'Islam explose démographiquement, qu'il se développe militairement, que les civilisations non occidentales réaffirment la valeur de leur propre culture, que la possibilité d'une civilisation universelle se profile, que la prétention de l'Occident à l'universalité génère des conflits avec l'Islam et la Chine, que la religion revient en force, que les Etats perdent leur souveraineté au profit d'institutions internationales – on songe bien évidemment à l'Europe de Maastricht – et que, dans cette configuration, se pose la question de « l'avenir de l'Occident » dont il pointe le déclin.

Il ajoute que la survie de l'Occident dépend de la réaffirmation de leur identité occidentale par les Américains : « Les Occidentaux doivent admettre que leur civilisation est unique mais pas universelle et s'unir pour lui redonner vigueur contre les défis posés par les sociétés non occidentales. » Le triomphe actuel de l'idéologie de la cancel culture et du wokisme aux Etats-Unis montre que ce pays s'engage très exactement sur la voie contraire : celle de la désintégration de la civilisation occidentale…

Huntington isole sept… ou huit civilisations ! Occidentale, latino-américaine, africaine, islamique, chinoise, hindoue, orthodoxe, bouddhiste, japonaise. Où l'on voit que cette partition n'épouse pas complètement l'idée de blocs spirituels ou religieux car pourquoi séparer le bloc occidental, le latino-américain, l'orthodoxe qui relèvent d'une même matrice judéo-chrétienne ? Quid d'Israël ? Et pourquoi le Japon séparé de la Chine alors que l'Empire du Soleil levant procède par plus d'un point de l'Empire du Milieu ? Mais Huntington lui-même va au-devant de ces remarques en précisant que ces séparations ne sauraient être gravées dans le marbre, qu'elles sont fluctuantes, bougeantes, mobiles. Comment pourrait-il en être autrement avec cette philosophie de l'histoire vitaliste proposée par le penseur américain ?

En effet : les civilisations sont mortelles, mais elles ont la vie dure. Elles n'ont pas vraiment de début ou de fin, pas de frontières claires et nettes non plus, elles évoluent, elles s'adaptent, elles fusionnent, elles se divisent. Elles sont composées de différents Etats, de différents Empires, de différents gouvernements. Il écrit : « N'importe quel étudiant en histoire sait qu'elles disparaissent aussi et se perdent dans les sables du temps. » Je crains, hélas, que Samuel Huntington pèche par excès d'optimisme ; ce savoir élémentaire, cette évidence historique, cette vérité empirique s'avèrent les choses du monde les moins partagées…

Huntington n'a pas la prétention d'offrir une théorie des civilisations sur le principe allemand, sinon prussien, d'un Oswald Spengler. Il énonce des hypothèses pour quelques décennies à venir, deux ou trois, sans vouloir produire un schéma définitif et transcendantal. Il cartographie un monde en mouvement et sait que cette dynamique emportera un jour la carte qu'il propose à la date où il écrit. Il ne prétend pas faire œuvre de théoricien ou de philosophe mais de géopoliticien. Il n'inscrit pas sa réflexion dans les pas du Hegel de *La Philosophie de l'histoire*. Il pense le réel et un peu de sa suite.

Le Choc des civilisations aborde la question d'une hypothétique civilisation universelle qu'il nomme « la culture de Davos ». Huntington estime qu'elle n'existera jamais. Davos, c'est le nom d'une idéologie qui synthétise une bouillie intellectuelle dans laquelle on retrouve la religion des droits de l'homme, le culte de la démocratie représentative, la libre circulation planétaire des capitaux, un libéralisme économique doublé d'un libéralisme sociétal. Cette culture d'une infime minorité de privilégiés de la planète ne saurait ravir l'assentiment des masses qui portent les civilisations sur leurs épaules. Les tenants de cette idéologie militent pour *un monde unipolaire*, le leur, alors qu'Huntington annonce et énonce *un monde multipolaire*. Les dévots de Davos, on comprend désormais pour quelles raisons, préfèrent bien sûr les analyses de Francis Fukuyama qui est leur idéologue.

Samuel Huntington affirme que l'actuel retour de l'islam – c'était vrai en 1996, ça l'est plus encore un quart de siècle après… – semble un geste d'autodéfense à l'endroit de la modernisation sociale et économique imposée à tout-va par l'idéologie de Davos. Ce retour s'accompagne d'un refus de l'Occident et de ses valeurs. Les islamistes combattent l'occidentalisation de leur espace : ils veulent bien se moderniser mais refusent de s'occidentaliser – autrement dit : Nike et iPhone, mais sûrement pas le libéralisme sociétal des militants LGBTQ+.

Ce conflit entre l'Islam et l'Occident explique la plupart des combats sur la planète : Bosniaques musulmans contre Serbes orthodoxes et Croates catholiques dans l'ancienne Yougoslavie, Grecs orthodoxes contre Turcs musulmans à Chypre, Arménie chrétienne contre Azerbaïdjan musulman aidé en cela par la Turquie, Russes orthodoxes contre Tchétchènes musulmans et musulmans d'Asie centrale, Juifs israéliens et Arabes palestiniens, chrétiens et musulmans au Soudan, idem avec ces deux religions qui s'opposent aux Philippines et en Indonésie.

Pourquoi ces conflits ? Huntington analyse les causes de la violence musulmane. Il en voit l'origine dans les textes de l'islam qui invitent à la conquête par le glaive, dans la vie de Mahomet qui fut celle d'un guerrier, dans l'éloge des vertus viriles et belliqueuses dans le Coran. Ces mêmes textes ne laissent aucune place à la non-violence en même temps qu'ils invitent à faire la guerre aux infidèles. L'islam a une grande tradition de conquêtes suivies de conversions qui constitue un paradigme pour le présent et le futur. Huntington envisage ensuite ce qu'il nomme l'« inassimilabilité » des musulmans : « Les pays musulmans ont des problèmes avec leurs minorités non musulmanes, tout comme les pays non musulmans en ont avec leurs minorités musulmanes. Plus encore que le christianisme, l'islam est une foi absolutiste qui confond religion et politique, et qui marque une séparation tranchée entre ceux qui font partie de Dar al-Islam, et ceux qui font partie de Dar al-Harb. » La démographie se trouve du côté des musulmans : elle explose avec un nombre considérable de jeunes entre quinze et trente ans. Souvent sans emploi, ils sont de ce fait disponibles pour la violence.

La civilisation occidentale est donc menacée, elle chute. Une renaissance n'est pas impensable, mais l'Occident devrait pour ce faire réaffirmer son existence et manifester sa volonté de redevenir leader dans le monde. La question est : « L'Occident peut-il se renouveler ou verra-t-il se poursuivre ce pourrissement interne accélérant son déclin et/ou sa subordination à d'autres civilisations plus dynamiques économiquement et démographiquement ? »

Huntington considère le déclin moral, le suicide culturel et la désunion politique comme des problèmes nettement plus cruciaux que l'économie et la démographie. Il dénonce les comportements antisociaux (crimes, drogue, violence), le déclin de la famille (divorces en expansion, naissances illégitimes, grossesses d'adolescentes, familles monoparentales), la « faiblesse générale de l'éthique » et la déconsidération de la vertu, « la désaffection pour le savoir et l'activité intellectuelle » accompagnée par « la baisse du niveau scolaire ». Face à ce tableau apocalyptique, les musulmans et les peuples d'Asie n'ont pas tort de manifester « leurs prétentions à la supériorité morale ». Le refus de l'assimilation procède tout simplement d'un refus de souscrire à cette décadence.

L'enjeu est clair : soit la société multiculturelle, soit la défense de « la civilisation occidentale » qui appelle à une relation étroite entre les Etats-Unis et l'Europe. Mais quels Etats-Unis et quelle Europe ?

Depuis la publication du *Choc des civilisations*, les choses ont changé : l'Occident a considérablement reculé et la civilisation multiculturaliste, aidée en cela par l'idéologie de Davos, s'est répandue comme une bouteille d'encre renversée. Les thèses majeures du livre se sont trouvées vérifiées. A la marge, tel ou tel fait, telle ou telle prévision, telle ou telle imprécision ont été relevés par les adversaires du penseur pour en invalider les thèses.

Nonobstant ces cris dans la marge, Huntington a, hélas, raison. Lui-même disait en son temps qu'il préférerait avoir tort…

2
… il doit être exécuté !

Tant de vérités ne pouvaient être tolérées par les idéologues de Davos qui ont besoin, pour leur propagande, que pareilles analyses ne se répandent pas !

Libération avec Gérard Chaliand, Ruwen Ogien ou Raphaël Liogier, *Le Monde* avec Edward Said et Abdennour Bidar, *Le Monde diplomatique* avec Ignacio Ramonet et Tariq Ali, Jean-Claude Guillebaud dans *Télérama* mais aussi Catherine Portevin dans le même support, *La Croix* avec Noël Copin, Le Clézio dans *L'Express*, Olivier Roy dans *Rue 89* ou *Le Nouvel Obs*, *Le Figaro* avec André Glucksmann ou Alexandre Adler, *Le Point* avec Sloterdijk et BHL, jusqu'à

Jean-Luc Mélenchon pour qui Huntington et ses épigones produisent « du baratin pour porter une espèce de détestation des musulmans » (AFP, 5 février 2012), tous y vont d'une même réprobation : dans son livre, *Huntington crée des conflits de civilisation qui n'existent pas dans la réalité.* Il monte les Occidentaux contre les musulmans, de sorte qu'il est, *lui*, le fauteur de troubles.

L'argument ultime se trouve fourni par BHL lui-même qui, après en avoir appelé à la sémantique, à la théologie, à la géopolitique et à sa « dernière conversation avec Massoud [qu'il avait] rapportée dans *Le Monde* », conclut : « le meilleur disciple de Huntington s'appelle aujourd'hui Ben Laden » (*Le Point*, 21 septembre 2001). Plus subtil que ça, tu meurs ! Circulez, il n'y a donc rien à voir…

Examinons les critiques sérieuses[1].

Edward Said défend la thèse qu'on lui connaît dans *Le Monde* : l'Occident n'existe

1. Hubert Védrine dans *Le Figaro* (avril 2016), Jean Daniel dans *Le Nouvel Observateur* (2 juillet 2015),

pas plus que l'Orient, ce sont des catégories inventées… par l'Occident ! Ou bien : Huntington ne pense pas le monde, il fournit des éléments de langage à la politique impérialiste américaine. L'Orient n'existe pas, mais c'est sur les analystes de « l'orientaliste chevronné » Bernard Lewis que Samuel Huntington « s'appuie lourdement » ! L'un et l'autre opposent l'Orient et l'Occident « comme si des affaires d'une complexité aussi gigantesque qu'identité et culture existaient dans un monde de bande dessinée, avec Popeye et Pluto se cognant dessus dans un pugilat sans merci où toujours le combattant plus vertueux a le dessus sur son adversaire ». Cette façon de faire témoigne « qu'une bonne part de démagogie et de franche ignorance signe la prétention à parler pour toute une religion ou toute une civilisation ».

Said reproche à Huntington d'être un « idéologue » – pas lui, bien sûr… – « qui

Franz-Olivier Giesbert dans *Le Point* (3 octobre 2013), André Comte-Sponville dans *Le Soir* (5 mai 2003), Régis Debray dans *Télérama* (12 avril 2003), Emmanuel Le Roy Ladurie dans *Le Figaro* (15 novembre 2001), Maxime Rodinson dans le même journal (28 septembre 2001) ont examiné l'ouvrage d'Huntington, ou en ont parlé, sans animosité idéologique et honnêtement.

veut faire des *civilisations* et des *identités* ce qu'elles ne sont pas : des entités fermées, hermétiques, purgées des multiples courants et contre-courants qui animent l'histoire humaine et, depuis des siècles, lui ont permis non seulement de contenir les guerres de religion et de conquête impériale, mais aussi d'être une histoire d'échanges, de métissage fécond et de partage ». Or, Huntington écrit : « les civilisations n'ont pas de frontières clairement établies, ni de début, ni de fin précis. On peut toujours redéfinir son identité, de sorte que la composition et les formes des civilisations changent au fil du temps ». Est-ce là vraiment la définition de civilisations conçues comme des « entités fermées, hermétiques », etc. ? Selon Said, les religions ont donc permis de lutter contre les guerres de religion, contre l'impérialisme des religions, sinon pour l'amitié et les échanges métissés et généreux entre religions. Comprenne qui pourra…

Pour Said, l'Islam et l'Occident n'existent pas : ce sont des « étiquettes » sans valeur qui empêchent de voir la diversité du monde. Mais, si l'Islam n'existe pas, comment dès lors peut-on dire que les terroristes du 11-Septembre n'ont rien à voir avec l'Islam ? Que procéder ainsi c'est mutiler l'Islam [*sic*] et le « dépouiller de son humanisme » ? Si, à l'évidence, on ne peut *condamner tout l'Islam* au nom des islamistes, on ne saurait non plus *sauver tout l'Islam* au nom de ses humanistes – dont on aimerait une Encyclopédie faite de leurs noms, faits et gestes, œuvres et idées. Si Edward Said, en bon deleuzien qu'il est, refuse l'essentialisation, il lui faudrait les condamner toutes. « La thèse du *Choc des civilisations* est un gadget [...] plus efficace pour renforcer un orgueil défensif que pour accéder à une compréhension critique de la stupéfiante interdépendance de notre époque », poursuit-il. Autrement dit : l'Orient et l'Occident n'existent pas mais les thèses de Huntington sont celles d'un Occidental orgueilleux qui combat l'Orient et entraîne avec lui les Etats-Unis – où le Palestinien Edward Said vivait et enseignait.

Jean-Marie-Gustave Le Clézio donne un long entretien à *L'Express* le 16 octobre

2008. Il y confie : « Je déteste Samuel Huntington et sa théorie du “choc des civilisations”. J’avais même écrit un pamphlet intitulé *Contre Samuel Huntington* que je n’ai pas publié. » Pour quelles raisons ? demande le journaliste : « Parce que c’était un pamphlet. Je ne crois pas qu’il y ait “nous” et “les autres”, le monde occidental d’un côté et, de l’autre, une sorte de monde barbare, à l’affût de la moindre de nos faiblesses. » Puis : « Les cultures sont toutes métisses, mélangées, y compris l’occidentale, faite de nombreux éléments venant d’Afrique, d’Asie. On ne peut pas faire barrage au métissage. Et la modernité est aussi bien japonaise, coréenne, chinoise qu’européenne ou américaine. » Où l’on retrouve ce paralogisme, celui de Said, en vertu duquel on peut affirmer que l’Occident n’existe pas et, en même temps, expliquer comment l’Occident s’est construit… Huntington n’a jamais dit que l’Occident s’était construit seul ! Quelle idée saugrenue ! Personne ne récuse les influences, mais l’Occident est moins la somme arithmétique de ses influences que leur synthèse dialectique. Le processus d’homogénéisation constitutif de l'Occident, voilà ce qui le définit.

Ruwen Ogien estime dans *Libération* (24 juillet 2015) que la thèse du *Choc des civilisations* « ne résiste pas à l'examen philosophique ». Dont acte. Examinons donc l'examen : Ruwen Ogien part en guerre longuement contre *les discours-haineux-contre-les-musulmans-et-les-immigrés*. Pour l'heure, rien qui casse quatre pattes à un canard philosophique.

Il estime ensuite que les thèses de Huntington manquent de clarté : quand on le lit, pareille assertion tombe d'elle-même ! On ne fait pas plus clair comme prose et comme analyse.

Le philosophe salarié du CNRS réactive la fiction de Said : il parle lui aussi du « monde dit "occidental" » et annonce que « les considérations simplistes sur le choc des civilisations sont loin de correspondre à la réalité sociologique » dont il nous dit, lui, ce qu'elle est : certes on peut constater des tendances au « repli communautaire, à la xénophobie, au nationalisme [...] mais c'est seulement, semble-t-il, en réaction à un mouvement massif vers le métissage, l'apparition de penseurs cosmopolites, de musiciens, d'écrivains, de plasticiens, d'entrepreneurs nomades qui circulent sans problème entre les "cultures" du monde entier, de travailleuses et de travailleurs migrants pour qui les frontières nationales n'ont plus aucun sens » – sauf que ces derniers ne se trompent pas et viennent plus volontiers en France qu'en Russie, en Roumanie ou en Hongrie.

Ruwen Ogien estime ensuite que l'auteur du *Choc des civilisations* ne répond pas à la question : « En quoi consiste exactement la "culture" d'une nation ? » Pour lui – ou nous – donner une leçon, il prend soin de préciser ce qu'est pour lui la culture française en convoquant « l'arrogance culturelle, le passé colonial, le conservatisme moral, la xénophobie latente, le culte de la rente, le goût de l'alcool, et tous les autres vices régulièrement moqués par nos voisins ». Et de poursuivre : « Un immigré devrait-il devenir culturellement arrogant, fier du passé colonial, moralement conservateur et alcoolique sur les bords pour être un "bon Français" ? »

Enfin, partout dans le monde, écrit-il, le monde musulman se distingue par « l'abandon des pratiques traditionnelles (religieuses y compris) [qu'] accompagnent comme partout ailleurs l'urbanisation, les migrations, l'amélioration du bien-être matériel et du niveau d'éducation. » Conclusion : « la guerre (ou le "choc") entre civilisations ne risque pas d'avoir lieu, parce que les civilisations, conçues comme des ensembles clos, immuables et homogènes n'existent pas » – c'est très exactement ce que Huntington écrivait, les civilisations ne sont pas des ensembles clos, immuables et homogènes, mais ouvertes, muables et hétérogènes, ce qui n'empêche pas qu'elles existent et puissent être en guerre à cause des spiritualités qui les constituent.

Où l'on comprend que le canard conserve ses quatre pattes et Samuel Huntington sa pertinence…

Pour Raphaël Liogier, c'est le titre de son papier : « Il n'y a pas de guerre des civilisations car il n'y a qu'une civilisation » (*Libération*, 11 janvier 2016). La preuve ?

« Ma fille peut se sentir plus proche d'une Mexicaine ou d'une Japonaise rencontrée sur Internet, immergée comme elle dans la culture manga, que notre voisine de palier. Les mangas constituent un *espace de désir déterritorialisé.* Ces espaces profitent de l'*infinité* d'Internet. » Ce qui permet au philosophe de poursuivre et de conclure : « Aucun des conflits actuels ne peut être analysé comme une guerre de civilisations mais comme des conflits hybrides mêlant des Etats, des organisations terroristes, mafieuses, des réseaux économiques, des postures identitaires globalisées. L'idée d'une civilisation assiégée est plutôt caractéristique d'une Europe devenue fondamentaliste, c'est-à-dire en quête de son origine et de son hégémonie perdue. » Rien à voir avec l'islam donc, tout juste un prurit de Blancs terrifiés d'avoir perdu leur hégémonie et leur pouvoir d'Occidentaux.

Dans *Génie de la laïcité*, Caroline Fourest écrit : « Il faut dire que Raphaël Liogier apprécie en général les visions plutôt "dures" de la religion. Sur les sites communautaires musulmans comme *SaphirNews* ou dans ses livres, il va jusqu'à prendre la défense de prédicateurs salafistes, grossièrement sexistes ou littéralistes, quand il ne présente pas le port du voile intégral comme une tendance “hypermoderne”. »

Dont acte.

Dans *Le Monde.fr* (2 mars 2011) sous le titre *Choc des civilisations ? La fin d'une fiction,* Abdennour Bidar considère que Huntington a vu ses thèses totalement invalidées par les Printemps arabes. « Nous assistons ainsi à la révolution en marche de la religion islam. [...] Ces peuples tunisiens et égyptiens ont offert une régénération exceptionnelle à l'image de la culture islamique qui était si tragiquement défigurée par ses propres et interminables errances... » Enfin : « Les soulèvements ont potentiellement une immense valeur pour l'humanité entière, très au-delà du monde arabe. » Entendu...

Dix ans plus tard, « l'événement en marche des révolutions arabes » a accouché de ce qu'il est convenu d'appeler un « hiver islamiste » : en Tunisie, au Maroc, en Egypte, les élections libres portent les partis islamistes au pouvoir. Des groupes djihadistes se constituent ; la Tunisie fait régulièrement l'objet d'attaques islamistes ; un coup d'Etat militaire a eu lieu en Egypte qui remet en place un pouvoir dictatorial qui n'épargne personne, même les minorités chrétiennes ; une guerre civile particulièrement meurtrière ravage la Syrie ; un Etat islamique a vu le jour ; la Libye et le Yémen sont entrés en guerre civile – le tout nourrissant les flux migratoires en Europe avec les problèmes induits que nul n'ignore ! S'adressant à Huntington, Abdennour Bidar écrivait : « L'oraison funèbre de votre thèse vient d'être prononcée par l'événement en marche des révolutions arabes. »

Un texte du même dans *Le Monde.fr* estimant que, *finalement*, l'histoire donnait raison aux thèses du *Choc des civilisations* serait le bienvenu, non ? Un texte des autres pourfendeurs de Samuel Huntington également.

Mais il ne faut pas y compter. D'abord parce qu'il est dans la nature des idéologues et des militants, des partisans et des doctrinaires, de ne jamais confesser une erreur ou un tort, même si l'Histoire a tranché en leur défaveur. Ensuite parce que le projet des sectateurs de Davos reste d'actualité et que la propagande reste la meilleure façon d'imposer leur monde.

Le Livre noir de la psychanalyse
(2005)

SAINT FREUD, SA SECTE ET SES DÉVOTS

1
Le premier qui dit la vérité...

La France a été, est encore un peu, mais ne sera pas toujours, une terre d'élection pour la psychanalyse, cette invention d'un chamane viennois à laquelle de moins en moins de gogos accordent d'intérêt et de crédit. Dans les bibliothèques, le rayon psychanalyse a rejoint le rayon marxisme : celui des gueules cassées des idéologies du XXe siècle !

On souscrira en souriant à ces quelques idées justes : « La psychanalyse est une pratique délirante... C'est ce que Freud a trouvé de mieux. Et il a maintenu que le psychanalyste ne doit jamais hésiter à délirer. » Ou bien encore : « La psychanalyse n'est pas une science. Elle n'a pas son statut de science, elle ne peut que l'attendre, l'espérer. C'est un délire – un délire dont on attend qu'il porte une science. On peut attendre longtemps ! » Une autre ? Celle-ci alors : « Freud n'avait rien de transcendant, c'était un petit médecin qui faisait ce qu'il pouvait pour ce qu'on appelle guérir, qui ne va pas loin – l'homme, donc, ne s'en tire guère, de cette affaire de savoir. »

Nul doute qu'à l'aveugle, comme on le dit à la dégustation d'un vin, en présence de ces phrases sacrilèges, madame Roudinesco, autoproclamée historienne de la psychanalyse et traitée comme telle par nombre de médias passéistes qui se disent progressistes, activerait son venin pavlovien : l'auteur de ces phrases est un crétin, un imbécile qui n'a jamais lu Freud ou, s'il l'a lu, ne l'a jamais compris, un antisémite, un auteur d'extrême droite, un vendu aux trusts pharmaceutiques, un névrosé qui a peur de ce que la psychanalyse lui apprendrait sur ses pathologies, un malade travaillé par le désir de coucher avec sa mère et de tuer son père, un imposteur que l'Université ne saurait reconnaître comme l'un des siens, un ennemi des Lumières et de la Science, avec une majuscule, un vulgaire scribouillard incapable de mettre au pied de son texte des notes de bas de page et de le conclure avec une épaisse bibliographie rédigée en une douzaine de langues pour en montrer le caractère universitaire, un névrosé peu, pas ou mal analysé, un essayiste soucieux de faire un succès de librairie avec les idées nauséabondes de l'époque – tant qu'à faire, soyons fous : un électeur du Rassemblement national. On connaît la chanson, madame Roudinesco, nouveau piaf, ne sait vocaliser que celle-là.

Or ces saillies viennent d'un certain Jacques Lacan, qui s'y connaissait en matière de délire puisqu'il en fit commerce au plus haut point ! Elles figurent dans *Le Livre noir de la psychanalyse,* un ouvrage paru en 2005 qui rassemble les réflexions pointues d'une quarantaine d'auteurs qui disposent de tous les titres de noblesse nécessaires pour ne pas passer, eux, pour des charlatans : psychologues, philosophes, historiens, psychiatres, universitaires, cliniciens, épistémologues, ethnopsychiatres, sexologues, neuroscientifiques. De même, l'ouvrage paru aux éditions Les Arènes a été dirigé par Catherine Meyer, ancienne élève de l'Ecole normale supérieure.

Ce livre paraît dans une France tout entière sous la coupe intellectuelle de la psychanalyse : qui, dans ce pays qui fut celui de Descartes et de Voltaire, ne croit pas que le lapsus est révélateur ? Que nous sommes mus par un inconscient ? Que les rêves ont une signification et conduisent à nos désirs les plus refoulés ? Que nous refoulons un certain nombre de nos désirs ? Que ces refoulements produisent sinon des névroses du moins des souffrances psychiques ? Que les « psys » soignent et guérissent ces souffrances à l'aide de la psychanalyse ? Qu'il faut effectuer un travail de deuil après la mort de nos proches ? Qu'il existe des femmes castratrices ? Que le refoulement peut faire oublier son passé ? Dans les classes terminales du lycée, on apprend Freud non pas comme s'il était un philosophe inventeur d'une vision du monde mais comme un scientifique ayant mis au point une thérapie qui soigne. On apprend que nous sommes déterminés par un inconscient psychique, que le complexe d'Œdipe fait la loi chez tout enfant après qu'il a traversé des stades – oral, anal, génital, phallique –, que l'art est sublimation de pulsions sexuelles refoulées, etc. L'école n'est pas la seule à se trouver contaminée par ces fadaises : la justice, le monde des travailleurs sociaux, celui de l'art et de la culture, la médecine sont hélas également des secteurs concernés. C'est compter sans la famille déconstruite par Françoise Dolto et Bruno Bettelheim qui, avec leurs délires, pour reprendre le mot de Lacan, ont produit des générations d'enfants-rois intolérants à la frustration ou des mères rendues responsables et coupables de l'autisme de leurs enfants. Derniers avatars en date : les consentements sexuels de jadis transformés en traumatismes infligés par des « pervers narcissiques », une dénomination qui caractérise la plupart du temps l'ancien amoureux ayant cessé de l'être…

Le Livre noir de la psychanalyse révèle un certain nombre de mensonges. Freud a lui-même travaillé à la mythologie qui permet de produire et reproduire un récit falsifié de ce qui fut. L'auteur de l'*Introduction à la psychanalyse* a menti. Il a écrit que la psychanalyse soignait et guérissait : c'est faux ; il a affirmé que la psychanalyse était une science : c'est faux ; il a raconté la généalogie de la psychanalyse en expliquant que son autoanalyse lui avait permis de concevoir cette « science » nouvelle : c'est faux ; il a inscrit son trajet épistémologique dans celui de Copernic et de Darwin : c'est faux ; il a fabriqué sa biographie qu'un thuriféraire, Ernest Jones, a vendue comme celle d'un saint : c'est faux. L'histoire de ces mensonges, voilà ce que raconte ce livre noir…

Tel ou tel dans cet ouvrage prend les uns après les autres les cas dont Freud nous dit qu'il les a suivis, soignés et guéris… De Dora à l'homme aux loups en passant par le petit Hans, l'homme aux rats et le président Schreber, les fameuses *Cinq psychanalyses* – qui m'ont été enseignées à l'université de Caen… Or aucun de ces cas n'a été guéri.

Par exemple : l'homme aux loups a suivi une psychanalyse pendant soixante années, il a pris des médicaments prescrits par Freud qui, *en même temps*, théorisait que l'analyse en dispensait et les prohibait ; il a fait des cadeaux à Freud qui les lui demandait alors que, là aussi, là encore, risque du transfert oblige, la théorie de la psychanalyse l'interdit ; il a été analysé tous les jours sauf le dimanche pendant des années, et ce sans succès – mais pour madame Roudinesco et les siens, ce fiasco est un succès, ce mensonge est une vérité, ces balivernes sont des réalités. Business is business…

Freud écrivait et disait des choses, il proclamait, il enseignait, il verbigérait, il publiait, il conférençait, il colloquait ; mais, bavard dans le privé, il a aussi laissé des milliers de lettres en n'imaginant pas que celles-ci témoignaient contre ce qu'il laissait entendre ! Dans un article publié en revue, il écrit qu'il soigne, qu'il guérit, que sa méthode est efficace – même s'il en essaie une par saison : la cocaïne, le psychrophore, l'électrothérapie, l'imposition des mains, l'association d'idées ; dans sa correspondance, il affirme exactement l'inverse : il dit que la psychanalyse ne soigne pas… Il se montre cynique, parle de « blanchiment de nègres » pour qualifier son activité, il considère les patients comme des vaches à lait qui lui permettent de très bien gagner sa vie et d'entretenir toute sa famille.

Alors qu'il attend le prix Nobel (de littérature ou de médecine ? car il peut légitimement prétendre au premier, nullement au second...), il écrit, pour justifier qu'il l'aurait mérité, qu'il s'inscrit sur une ligne qui conduit de Copernic à lui en passant par Darwin ! Copernic évince l'homme du centre du monde en montrant que le géocentrisme, la Terre au centre du monde, est une fiction, et l'héliocentrisme, le Soleil au centre du monde, une vérité ; Darwin expulse l'homme du sommet de la création, il n'est pas ce que Dieu a produit après avoir tout créé, mais le résultat de l'évolution d'un singe ; enfin, troisième humiliation des hommes, lui-même, Freud, montre que le sujet ne porte pas une conscience claire au centre de sa volition mais qu'il est mû par un inconscient métapsychique qui le détermine totalement.

Fort de ce lignage qui lui permet de s'autoproclamer scientifique, il se dit, immodeste, un Christophe Colomb découvrant un nouveau continent, un « conquistador ». Freud raconte la généalogie de la psychanalyse : il aurait effectué un travail d'introspection, dite par lui autoanalyse, à l'issue duquel il aurait découvert tout seul ces vérités qu'il prétend scientifiques.

Les auteurs du *Livre noir de la psychanalyse* montrent qu'il n'en est rien. L'inconscient freudien ? C'est l'inconscient de Freud. Les prétendues découvertes scientifiques de Freud ? Des hypothèses formulées par lui dans un premier temps avant que, dans un second temps, ces présuppositions deviennent réalités, puis vérités prétendument scientifiques. Les découvertes hypothétiquement issues de l'introspection freudienne ? Des resucées habilement recyclées de travaux qui existaient déjà en son temps dans un récit qui lui est propre mais qui efface toute référence – la bisexualité, les zones érogènes, la perversion polymorphe, la régression, la libido, le refoulement doivent à Krafft-Ebing, Albert Moll, Havelock Ellis, Wilhelm Fliess, Otto Gross… Freud prétend inventer ex nihilo ; il s'avère en fait un habile détrousseur de cadavres intellectuels…

La biographie de Freud est une fiction. Lui-même écrit un *Essai d'autoanalyse* dans lequel il fictionne son rôle. Après avoir dit que Breuer avait inventé la méthode, il se reprend et affirme que c'est lui et lui seul qui en est à l'origine. Tout dans ce qu'il écrit de lui converge vers ce projet hagiographique : il a tout inventé tout seul. La psychanalyse est sortie tout armée de sa cuisse jupitérienne !

La lecture des correspondances non expurgées, car elles le sont toutes, ce qui n'est pas un hasard, et une vraie biographie qui ne soit pas hagiographie conduisent tout droit aux mensonges.

Par exemple : Freud dit que son renoncement à la sexualité l'a mis en disposition métapsychologique de créer la psychanalyse : ce à quoi il renonçait d'un point de vue libidinal, il le réintroduisait dans une activité sublimante. Il en produit une théorie, un point de doctrine : c'est celui de la sublimation.

Las ! Les historiens, les vrais, montrent que Freud n'a pas renoncé à toute sexualité mais seulement avec sa femme car il en réservait l'usage à sa belle-sœur qui l'accompagnait en vacances et partageait la même chambre à un lit ! On se moque qu'il ait menti sur sa vie privée et caché un banal adultère bourgeois avec la sœur de sa femme. En revanche, on ne se fiche pas que pareille doctrine devenue parole d'évangile en matière d'esthétique au XXe siècle, la théorie de la sublimation, soit un bobard doctrinal considéré comme un acquis scientifique !

Pourquoi pareille imposture intellectuelle et idéologique a-t-elle fonctionné ? La psychanalyse arrive en France sous les auspices d'André Gide, pédophile notoire auteur d'un *Corydon* qui en atteste, et qui adore disposer d'une caution intellectuelle de cet acabit pour justifier qu'il existe une sexualité infantile et que les enfants entretiennent des relations de séduction avec les adultes.

Elle séduit également André Breton qui instrumentalise l'inconscient psychique pour en faire le moteur d'une esthétique libérée. Quid des Manifestes surréalistes sans l'hypothèse de ce continent métapsychique ?

Enfin, la psychanalyse passe pour un instrument de guerre contre le vieux monde lors de Mai 68. Elle donne l'impression de lutter contre le capitalisme et le totalitarisme alors que, dans les écrits de Freud, elle fait bon ménage avec les régimes dictatoriaux pourvu qu'ils soient de droite, parce qu'ils garantissent la retenue politique de la pulsion de mort naturellement portée par les hommes. Freud qui dit du bien du régime fasciste austro-hongrois, qui fait une dédicace élogieuse à Mussolini, qui, dans ses écrits, dit du mal du marxisme-léninisme mais jamais du national-socialisme, devient après Mai 68 un parangon de lutte contre le capitalisme et la répression sexuelle qui l'accompagne.

Qui, en France, pouvait s'opposer à l'héritage de Gide, de Breton et de Mai 68 ? *Le Livre noir de la psychanalyse*…

2
… il doit être exécuté !

Le Livre noir de la psychanalyse a été un succès de librairie. Plus de vingt-cinq mille exemplaires vendus en trois semaines. La presse a beaucoup fait pour que ce qui aurait pu n'être qu'une guerre picrocholine entre happy few de cette pensée magique devienne une pétaudière intellectuelle nationale orchestrée par Elisabeth Roudinesco, qu'on présente comme une « historienne » de la psychanalyse, aidée en cela par une poignée d'affidés qui n'ont pas reculé devant les méthodes activées en son temps par Freud : l'affabulation, le mensonge, le travestissement, l'anathème, l'insulte, le procès d'intention, l'attaque ad hominem, la criminalisation de toute critique de cette parapsychologie (que veut dire d'autre le mot « métapsychologie » ?) freudienne.

Laurent Joffrin lance le débat avec intégrité : informé du contenu explosif de l'ouvrage, il demande à en prendre connaissance avant de se faire un jugement. Sur cette affaire, le directeur du *Nouvel Observateur* manifeste un véritable souci déontologique. Il n'agit pas en idéologue, ce qu'il sait par ailleurs si bien faire, mais en journaliste pour ce que le mot recouvre de mieux : l'enquête au profit de la vérité. Il dit : « J'ai lu tout le manuscrit, je suis sidéré. Si ce que vous dites est vrai, et il me semble que oui, cela remet tout en cause. » Dans la préface à une réédition de l'ouvrage, Catherine Meyer, qui se trouve à l'initiative de ce livre, écrit : « Ursula Gauthier, Laurent Joffrin et la rédaction en chef du *Nouvel Observateur* dialoguent avec les auteurs, se passionnent, vérifient. Pour eux comme pour la génération de Mai 68, la psychanalyse avait été un levier pour faire changer l'Ecole, la Justice, la famille, la société. Découvrir l'ampleur de son reflux à l'étranger, la vigueur des critiques historiques, théoriques et thérapeutiques est un choc. Le dossier est d'excellente tenue. La discussion s'engage sur des bases élevées. » En effet, mais les dévots de la secte ne sont pas coutumiers des cimes. Une quarantaine d'experts de dix nationalités différentes ont contribué à ce travail de huit cents pages. C'est dire s'il y avait matière à débat intellectuel. Las ! Il n'en fut rien.

Le dossier du *Nouvel Observateur* donne la parole aux auteurs du livre. Il y est question de « l'efficacité douteuse de la psychanalyse » avec Patrick Légeron, de « l'enfant cobaye » avec Didier Pleux, de « la mère coupable » avec Violaine Guéritault, des « hypothèses non vérifiées » et de « la fausse guérison de l'Homme aux loups » par Frank Sulloway, de « Freud, médecin imaginaire », du faux cas Dora et de la « théorie en caoutchouc » de Freud avec Mikkel Borch-Jacobsen, de la fable d'un Vinci analysé par Freud de Han Israëls. Pareil dossier appelait des réponses argumentées, construites, documentées ; il n'en fut rien. Ce fut un déluge de haine qui fit de ce livre un pamphlet motivé… par la haine !

Les éléments de langage sont les mêmes chez les thuriféraires de la secte. Chaque fois que paraît un travail sérieux qui questionne Freud et la psychanalyse, ils le traitent avec l'incroyable mépris de qui se trouve pris la main dans le sac.

Dans *La Croix*, Marianne Gomez écrit : « Oui, les fondements théoriques initiaux de la psychanalyse ne sont plus tous valables aujourd'hui. Oui, Freud a eu des échecs. Oui, il s'est prévalu de guérisons qui n'en étaient pas. Non, le père de la psychanalyse n'était sans doute pas un homme probe, désintéressé, vertueux, bref le quasi-saint qu'en ont fait tous ses thuriféraires. Mais [*sic*] les critiques alignées ici sont-elles toutes de bonne foi ? » Autrement dit : tout est vrai mais si ces vérités étaient dites par des gens de mauvaise foi, le vrai cesserait d'être vrai : il serait le faux ! Ou bien encore, de la même : « Oui, certains soi-disant [*sic*] professionnels ont fait des dégâts, analysant à tort et à travers, confondant interprétation et agression, etc. [...] Mais juge-t-on une pratique à ses dérives ? » Autrement dit : quand la psychanalyse occasionne des dégâts, ce sont des effets marginaux de faux psychanalystes « soi-disant professionnels ». Formulé différemment : quand la psychanalyse ne marche pas, ça n'est pas de la psychanalyse puisque ce ne sont pas des psychanalystes.

Voici la colonne vertébrale de leur discours : les informations données dans cet ouvrage sont connues depuis longtemps, d'ailleurs elles sont fausses, même si certaines sont vraies, ce qui malgré tout n'invalide pas la vérité de la psychanalyse freudienne !

Les sectateurs incarnent à merveille ce qu'on appelle la logique du chaudron. On la trouve dans *Le Mot d'esprit et ses rapports avec l'inconscient* : l'un prête un chaudron à l'autre qui le lui rend avec un trou ; le prêteur s'en offusque ; le bénéficiaire du prêt lui répond : « Premièrement : je n'ai absolument pas emprunté de chaudron ; deuxièmement : le chaudron avait déjà un trou quand il m'a été prêté ; troisièmement : j'ai rendu le chaudron intact. » Freud disait que c'était « l'exemple remarquable d'un effet purement comique en laissant libre cours à un mode de pensée inconscient ». On ne le lui fera pas dire…

On retrouve ce genre de paralogisme sous la plume de Xavier Lacavalerie qui affirme dans *Télérama* que la psychanalyse ça rate, mais que ça marche… On pourrait même presque dire que c'est parce que ça ne marche pas que ça marche ! Lisons : «Pour justifier l'existence – et la nécessité – du livre, les auteurs prétendent révéler quelques scoops, comme "le lamentable échec" des thérapies conduites sous la direction de Freud, à commencer par celle d'Anna O. Or n'importe quel étudiant de première année travaillant sur l'histoire de la psychanalyse et sur les balbutiements théoriques sait que, si cette cure fut effectivement un ratage pour Anna O (elle présentait des symptômes sérieux de paralysie, d'hallucinations, de troubles du langage et de la vision et ne devait jamais complètement guérir, encore qu'elle pût avoir une vie sociale…), ce fut au contraire une réussite pour la théorie psychanalytique. Car, grâce à elle, Freud parvint à comprendre le mécanisme de la cure, l'importance du transfert (cette relation qui lie analysant et analyste) et le rôle de la parole ("talking cure", dit Anna), qui guérit en libérant les émotions et les souvenirs refoulés. » La psychanalyse « tâtonne, cherche, reformule, évolue et ne retient des symptômes que ce qui l'intéresse pour comprendre les mécanismes de la souffrance psychique, de l'hystérie, de la névrose obsessionnelle, de la paranoïa ». Une fois traduit, cela donne : la psychanalyse ne fonctionne pas mais elle produit des concepts et, ça, c'est une réussite – même si, avec ces concepts, on prétend soigner, guérir, non sans, au passage, faire payer très cher, en liquide, les patients qu'on ne guérit pas ! Y compris quand la thérapie fait du surplace ou recule, la théorie psychanalytique fait avancer le schmilblick.

Dans *L'Express* (5 septembre 2005), Elisabeth Roudinesco nourrit l'argumentaire, c'est le même depuis toujours : elle joue sur les mots et assimile les historiens de la psychanalyse, les vrais, à des « révisionnistes » en sachant que le mot caractérise aussi les négateurs des chambres à gaz ; elle renvoie l'impudent qui critique la psychanalyse à la lie de l'humanité : les nationalistes français qui, pendant les guerres mondiales, associaient Freud aux « Boches » ; les nazis (en omettant de dire que les nazis ne critiquent pas la psychanalyse en soi, mais celle de Freud parce qu'il est juif, ils n'ont en effet rien à redire à celle de son disciple chrétien Jung, en oubliant également de préciser que Freud lui-même a envoyé Ludwig Binswanger négocier la possibilité de discuter d'un gentleman's agreement avec le IIIe Reich) ; les staliniens – qu'elle a bien connus ; l'Église catholique – en affirmant par ailleurs que, dans l'esprit de Françoise Dolto, de bons prêtres comme Marc Oraison interrogent la foi à partir de la psychanalyse ; les compagnons de route de l'idéologie américaine – communiste un jour, communiste toujours ; les « scientistes », comme elle écrit, autrement dit les partisans de la science, on ne fait pas plus joli aveu… Elle ajoute pour défendre son business : « La psychanalyse doit sa grandeur à sa philosophie de la liberté, qui rend le sujet responsable de son destin. Mais les analystes français ont perdu leur pouvoir de subversion et se sont endormis sur la routine : ils se sont opposés au Pacs, au mariage des homosexuels, et n'ont cessé de prôner des positions frileuses sur l'évolution de la famille, alors que Freud lui-même n'avait pas hésité à prendre des positions courageuses à son époque contre la peine de mort, ou en défendant les homosexuels. » Faut-il donner une leçon de freudisme à la gardienne du temple freudien ? Une ou des ?

Car le propre de Freud est d'avoir expliqué en long, en large et en travers que le libre arbitre n'existait pas et que l'inconscient psychique faisait la loi, de sorte qu'on ne saurait parler de responsabilité individuelle et personnelle du sujet, lire pour s'en convaincre *Une difficulté de la psychanalyse* – cette prétendue trouvaille constitue d'ailleurs le motif avancé par Freud pour s'inscrire dans un lignage scientifique après Copernic et Darwin, auteurs de blessures narcissiques infligées à l'homme. Non sans prétention, Freud prétend avoir donné « le coup le plus sensible » de ces trois blessures en montrant que « le moi n'est pas le maître dans sa maison » ! Dans *L'Inquiétant* (Œuvres complètes, XV, 168), Freud effectue la généalogie de « l'illusion du libre arbitre » : comme théorie de la liberté qui permet au sujet d'être responsable de son destin, on fait mieux !

Quant à Freud opposant à la peine de mort, c'est une extrapolation : dans le volume d'index de ses œuvres complètes, cette notion n'est citée qu'une fois en 6226 pages et ce n'est pas une prise de position contre. Pour laisser croire que Freud fut abolitionniste, il faut invoquer une citation de Theodor Reik extraite du *Besoin d'avouer*, dont on dit qu'elle fut validée par Freud, contre la peine capitale : lui n'a rien écrit sur ce sujet en propre. Jacques Derrida l'explique dans son *Séminaire. La peine de mort* (volume II, p. 32).

Enfin, sur l'homosexualité, Freud a clairement consacré un chapitre des *Trois essais sur la théorie sexuelle* à ce sujet sous le titre *Les aberrations sexuelles* (O.C. VI, 67) puis un autre développement intitulé *Prévention de l'inversion* (*ibid.* 168). Avoir le souci de *prévenir une aberration*, ce serait donc la défendre ? Il affirmait qu'elle procédait d'un arrêt du développement libidinal assimilable à une pathologie. Dans la foulée, les pages qui suivent son analyse abordent les questions de la pédophilie et de la zoophilie... Avec des amis comme ça, pas besoin d'ennemis !

Catherine Meyer précise dans la réédition de ce *Livre noir* qu'Elisabeth Roudinesco est parvenue à se procurer le fichier de la table des matières avant édition. Elle n'a pas lu le livre mais le commente tout de même. Voici sa « lecture » : c'est un livre antisémite ! Elle parle, on vient de le voir, de révisionnisme ; elle affirme qu'un auteur publié est mort et que son texte a été utilisé sans son accord – l'auteur, Edward Shorter, est bel et bien vivant, à cette heure, d'ailleurs, il est toujours en vie ; elle prétend que Tobie Nathan et Patrick Mahony ont été piégés et abusés, et que, d'ailleurs, ils n'avaient pas de contrat – or, ils avaient un contrat dûment signé qui détaillait la nature de cet ouvrage ; elle affirme que cet ouvrage roule pour les trusts pharmaceutiques et les thérapies comportementales et cognitives, une invention américaine – or, parmi la quarantaine d'intervenants, moins d'un quart défend les TTC.

On appréciera le goût pour la vérité d'une philippique qui se présente comme une argumentation. Madame Roudinesco a gardé de son séjour au Parti communiste français dans ses années staliniennes (entre 1971 et 1979 tout de même...) un certain talent pour la dialectique qui, à cette époque, passait pour casser des briques. Un certain talent et un certain réseau activable au coup de clairon.

Il y eut en effet un nombre incroyable de tribunes diffusées dans la presse : *L'Express*, donc, publie la pasquinade de la gardienne autoproclamée du temple ; *Télérama* et *La Croix,* on l'a vu, sont contre ; *Le Monde* fait paraître pas moins de huit textes pour la psychanalyse et un contre – la parité selon le quotidien du soir ; Jean Birnbaum, qui travaille dans ce journal, écrit contre *Le Livre noir* ; idem avec Jack Ralite, ancien ministre communiste, et Jean-Pierre Sueur, sénateur socialiste, dans *L'Humanité* ; pareil dans *Le Figaro*, pour Paul-François Paoli ; dans *Politis* avec Gérard Bayle ; via Roland Hureaux, *France catholique* attaque *Le Livre noir*.

Le Point donne la parole à Jacques-Alain Miller, gendre de Lacan, psychanalyste lui-même, qui dit : « Le président Mao disait : "être attaqué par l'ennemi est une bonne chose et non une mauvaise chose". »

Honorable référence, Hitler eût fait plus désordre… Il n'entre pas dans le détail théorique et affirme : « L'enjeu de la dispute, c'est le marché du mental. » On ne lui fait pas dire ! Il y a beaucoup d'argent liquide à gagner dans l'exercice du métier de psychanalyste. Dans *La Technique psychanalytique*, Freud théorise lui-même la nécessité pour le patient de payer cher et en billets – ce qui permet d'échapper au fisc… – tout en justifiant que l'analyste puisse dormir pendant l'analyse puisque « l'attention flottante » permet tout de même aux inconscients de communiquer. En voilà une science qu'elle est belle !

Pour répondre à cet ouvrage, le même Jacques-Alain Miller et sa bande ont l'initiative d'un *Anti-Livre noir de la psychanalyse*. Il s'agissait, fut-il claironné, de répondre à l'ouvrage incriminé. Le livre parut. Mais il fut facile de démontrer que ce texte n'a jamais été écrit *comme une réponse* mais présenté comme tel alors qu'il a été constitué de bric et de broc avec des interventions données dans un séminaire *avant la parution* du livre.

La preuve était clairement faite que la corporation ne savait et ne sait ni ne peut répondre à qui parle vrai sur la psychanalyse. On ne peut rien contre les croyances irrationnelles et déraisonnables.

Sylvain Gouguenheim

Aristote au mont Saint-Michel
(2008)

LA POSSIBILITÉ D'UN ARABE CHRÉTIEN

1
Le premier qui dit la vérité...

La vulgate post-moderne et déconstructionniste veut que, sans l'islam, l'Occident n'aurait jamais pu exister sous prétexte que les textes antiques lui auraient été transmis par des musulmans et que la Renaissance n'aurait jamais pu s'initier, et avec elle la philosophie des Lumières, sans cet apport substantiel de nourritures spirituelles. Disons-le simplement : sans l'islam, l'Occident n'aurait jamais existé...

C'est bien sûr faux.

La preuve en est apportée par Sylvain Gouguenheim dans un livre magistral : *Aristote au mont Saint-Michel,* paru en 2008. L'auteur constate que notre époque souscrit à une mythologie bien éloignée de ce que l'histoire enseigne véritablement. Le mythe ? Le christianisme n'aurait été possible que par un islam des Lumières qui a porté à la connaissance des Européens les textes grecs occultés par un Moyen Age occidental régressif. L'histoire ? Certes, ces textes ont bien été transmis par des Arabes, mais pas par des musulmans, d'autant que ces Arabes chrétiens ont fui leurs pays poursuivis par les guerriers islamistes lors de leurs invasions conquérantes.

L'erreur repose sur cette difficulté à comprendre qu'on puisse être arabe sans être musulman. Mieux : qu'on puisse être arabe et chrétien ; ce qui est le cas des Syriaques, auxquels on doit la transmission de ces fameux textes grecs à l'Occident. Ce n'est donc pas l'islam qui rend possible l'Occident mais les chrétiens pourchassés par les musulmans qui étendent la zone d'influence islamique sur la planète entière.

Par ailleurs, les Grecs n'ont pas été oubliés : d'abord parce que le christianisme s'est construit avec cette pensée, ensuite parce que ces philosophes majeurs qu'étaient Platon et Aristote, mais aussi

Porphyre et Plotin, Jamblique et Proclus, nourrissent cette religion sur laquelle l'Empire byzantin est construit. L'idéalisme platonicien, la métaphysique aristotélicienne, le mysticisme alexandrin irriguent le judéo-christianisme. Comme les philosophes grecs ne sont jamais morts, ils n'ont donc pas eu à ressusciter grâce aux musulmans.

De même les Evangiles ont été écrits en grec. Certes ils ont été traduits en latin dès le IVe siècle, mais la langue et la pensée grecques, notamment via les Pères de l'Eglise, ont perduré sans l'aide des musulmans puisque la patristique peut aligner un demi-millénaire d'existence avant même que l'islam n'existe.

Un homme joue un rôle majeur dans ce dispositif de transmission des textes grecs aux chrétiens occidentaux en faisant l'économie de la médiation islamique : Jacques de Venise. Cet homme est associé à un lieu : le mont Saint-Michel et ses moines copistes du XIIe siècle.

Le rôle fondateur de Jacques de Venise au mont Saint-Michel contredit la mythologie d'une Maison de la Sagesse dans laquelle, à Bagdad, des juifs, des chrétiens et des musulmans auraient pendant quatre siècles travaillé de conserve, en bonne intelligence, dans une logique de paix, de tolérance et d'amour, de façon à constituer un corpus intellectuel philosophique et scientifique pendant que les chrétiens périclitaient entre obscurantisme et croisades. Puisque l'essor de la civilisation européenne n'aurait donc été possible que par l'entregent de l'islam qui aurait permis à ce continent de sortir des ténèbres médiévales, l'Europe aurait donc contracté une dette envers l'islam. On mesure les avantages idéologiques de cette thèse qui tient de ce fait pour nulle et non avenue toute lecture réellement historique. Sylvain Gouguenheim écrit que cette Maison de la Sagesse ne fut ni un lieu d'enseignement, ni une université, mais une simple bibliothèque et qu'elle « n'a joué aucun rôle dans le travail de traduction des textes scientifiques et philosophiques grecs, encore moins dans une quelconque et imaginaire collaboration entre savants des trois monothéismes ».

Les tenants de la dette réactivent la thèse de Michelet, auquel on doit cette idée fausse que le Moyen Age fut un temps barbare en tout avant que la Renaissance et les Lumières n'éclairent le continent européen et qu'advienne la Révolution française qui ferait passer l'Europe des ténèbres féodales aux clartés républicaines. Or cette thèse est fausse elle aussi. Le Moyen Age n'était pas moyenâgeux, il disposait de ses lumières et de son génie propre… Dès 1945, Gustave Cohen avait réglé ce problème dans *La Grande Clarté du Moyen Age*.

Sylvain Gouguenheim écrit en préambule à sa démonstration : « A l'heure où l'on se propose de rectifier (*sic*) les manuels scolaires afin de rappeler la place de l'islam dans le patrimoine européen comme y invite un rapport récent (2002) de l'Union européenne, une tentative de clarification est apparue nécessaire. » Et l'auteur d'entreprendre le démontage des discours d'universitaires acquis à la déconstruction. C'était bien sûr aller au-devant des ennuis !

La confusion entre Arabes et musulmans est fautive. Autour de l'an mil, les Arabes chrétiens et les chrétiens arabisés par la conquête islamique constituent près de la moitié de la population des pays d'islam.

De même une autre confusion fait du religieux lecteur du Coran et des hadiths un « savant » musulman, ce qui ne correspond pas à l'idée qu'on peut se faire d'un savant dans un régime intellectuel rationnel. Un savant selon l'islam n'entretiendra pas la relation qu'on imagine avec un savant selon l'ordre des raisons rationnelles et raisonnantes. Il est peu probable que le premier puisse enseigner autre chose au second que des contenus afférents à sa religion. D'autant qu'en régime intellectuel islamique, tout ce qui se trouve dans le Coran, un texte incréé comme chacun sait, a valeur de vérité scientifique puisqu'il s'agit de la parole de Dieu et qu'Il ne saurait se tromper. Sauf à faire du Coran un livre de biologie, de physiologie, d'anatomie, de droit, de théologie, de philosophie, de géographie, de géologie, d'histoire, d'astronomie, de physique, de mathématique, etc., il faut aller chercher ailleurs que dans ce livre des vérités sur le monde. La science musulmane se confond avec la théologie islamique. Au pays de Descartes, la religion ne fait plus la loi en philosophie ; dans les pays où règne la loi de Mahomet, la religion fait encore la loi en philosophie.

Pour faire pièce au discours mythologique, Sylvain Gouguenheim entreprend d'expliquer ce que « l'Europe doit aux chrétiens syriaques des VIe-Xe siècles ». On y trouve en particulier la science arabo-musulmane… Ce n'est donc pas l'islam qui rend possible l'Occident chrétien mais l'Orient chrétien qui rend possible l'islam.

Jacques de Venise est « le chaînon manquant dans l'histoire du passage de la philosophie aristotélicienne du monde grec au monde latin. L'homme mériterait de figurer en lettres capitales dans les manuels d'histoire culturelle ». Au XIIe siècle, Jacques de Venise travaille au mont Saint-Michel avec des moines qui traduisent Aristote directement à partir du texte grec et ce *cinquante ans avant* qu'en Espagne, alors Al Andalus, les traductions d'Aristote ne s'effectuent en latin à partir de versions arabes. On ne sait rien d'autre de cet homme qui put être un Grec vénitien établi à Constantinople, qui a peut-être effectué des études de droit canon à Rome avant d'arriver en Normandie pour y travailler sans répit entre avant 1127 et sa mort vers 1145-1150.

Jacques de Venise traduit donc Aristote en latin et ses traductions connaissent un immense succès. La *Physique*, la *Métaphysique*, les *Seconds Analytiques* du Stagirite sont lus par Thomas d'Aquin et Albert le Grand parmi les noms les plus connus de la philosophie de cette époque. Les premiers commentaires d'Aristote s'effectuent dans l'abbaye du mont Saint-Michel. L'Europe intellectuelle prend donc ses racines dans cette abbaye normande au XIIe siècle. Les manuscrits qui en attestent ont été pour la plupart détruits dans le souffle du débarquement de juin 1944.

Sylvain Gouguenheim compare les civilisations, ce qui s'avère dangereux dans un monde pour qui la religion de l'égalité est la meilleure façon de travailler à la réalisation concrète de l'égalité. Il fait du progrès de la science en Europe avec Copernic, Kepler, Descartes, Leibniz une spécificité occidentale ne devant rien aux Grecs, aux Arabes, aux Hindous ou aux Chinois.

L'Islam ne retient des Grecs que ce qui ne contredit pas sa religion. Les penseurs musulmans n'apprennent pas le grec parce qu'il est la langue impie des païens ; pas plus le latin, langue du christianisme. En 646, sur ordre du calife, la bibliothèque d'Alexandrie qui contenait tous les trésors gréco-latins part en fumée. Même traitement pour les églises et les monastères qui hébergeaient les textes. Pour Al-Ghazâlî, seul le croyant peut philosopher ; Ibn Khaldoun critique la philosophie ; Averroès estime que coexistent deux vérités, l'une selon la philosophie, l'autre selon la religion ; un hadith interdit l'innovation – « quiconque apporte à notre religion une nouveauté qui n'en provient pas, celui-là est à repousser ». La philosophie est donc la servante de la théologie musulmane. On peut philosopher, pourvu qu'on ne remette pas en cause les principes de la charia. Dans son *Discours décisif*, Averroès écrit : « Nous, musulmans, nous savons de science certaine que l'examen par la démonstration n'entraînera nulle contradiction avec les enseignements apportés par le Texte révélé, car la vérité ne peut être contraire à la vérité, mais s'accorde avec elle et témoigne en sa faveur. » Le même interdit que la philosophie soit rendue accessible au peuple : elle est réservée aux lettrés musulmans.

Au VIIe siècle, les violentes conquêtes musulmanes chassent les Arabes chrétiens des pays conquis. Des monastères sont incendiés avec leurs bibliothèques, des habitants sont tués, déportés ou transformés en esclaves, c'est le début de la traite inventée par l'islam – comme le montre de façon détaillée Olivier Pétré-Grenouilleau dans *Les Traites négrières* (2003). Les chrétiens syriaques ainsi chassés quittent leurs pays, arrivent en Europe où ils fondent des monastères.

Les penseurs arabes musulmans ignorent le grec : Al-Fârâbî, Avicenne ou Averroès, qui professe le djihad contre les chrétiens à la grande mosquée de Cordoue, ce qui se trouve rarement souligné, ne connaissent les philosophes grecs que par les traductions arabes réalisées par les chrétiens syriaques dès la fin du IVe siècle. Les écrits logiques d'Aristote sont traduits dans le projet de comprendre et commenter les textes des Pères de l'Eglise et de lutter intellectuellement et théoriquement contre les hérésies. Il est à remarquer qu'aucun terme scientifique n'existe en arabe avant le Xe siècle. De même, les traités de gynécologie grecs ne sont pas traduits. La pharmacopée arabe emprunte aux Indiens.

Ajoutons à cela que l'écriture arabe, dite coufique, a été forgée par des missionnaires chrétiens au VIe siècle. Cette écriture ressemble d'ailleurs étrangement à l'« estrangelo syriaque », ajoute l'auteur.

De sorte que Sylvain Gouguenheim peut écrire que « les chrétiens syriaques, nestoriens ou monophysites, furent donc à la source de la culture écrite arabo-musulmane ». Nous sommes loin du mythe politiquement correct qui prétend l'inverse.

2
… il doit être exécuté !

Une fois n'est pas coutume, *Le Monde*, via Roger-Pol Droit, donne de cet ouvrage un compte rendu honnête qui se conclut ainsi : « Somme toute, contrairement à ce qu'on répète crescendo depuis les années 1960, la culture européenne, dans son histoire et son développement, ne devrait pas grand-chose à l'islam. En tout cas rien d'essentiel. Précis, argumenté, ce livre qui remet l'histoire à l'heure est aussi fort courageux. » Le journaliste annonce que ce livre va générer débats et polémiques… Il eut raison probablement au-delà de ce qu'il prévoyait.

De *Télérama* à *Libération* en passant par *Le Monde diplomatique* ou *Le Monde* qui reprend la main, sinon *France Culture* et *L'Humanité*, ce fut un déluge de haine construit sur l'habituelle rhétorique discriminatoire : *Aristote au mont Saint-Michel* n'est qu'un pamphlet, un livre qui manque de sérieux, un ouvrage qui ne respecte pas les lois du genre scientifique, un tissu de mensonges, un ramassis de choses déjà connues de tous et publiées partout, un ouvrage salué par des gens peu honorables et peu fréquentables, un copier-coller de thèses reprises partout sur des sites (où l'on découvre que des scientifiques autoproclamés chercheurs payés avec l'argent du contribuable passent leur temps sur Internet…), un torchon affligé d'une bibliographie dans laquelle se trouve un auteur politiquement incorrect, la dénonciation d'une kyrielle d'erreurs dont les journalistes ne sont pourtant pas capables de donner plus de deux ou trois exemples factuels qui n'invalident pas la thèse du livre, l'invocation de bons papiers dans la mauvaise presse ou sur de mauvais sites (de droite, bien entendu…), la méthode est bien connue : quand on veut tuer son chien, on dit qu'il a la rage.

Et Sylvain Gouguenheim a la rage ! Voilà pour quelles raisons il faut qu'il soit islamophobe, raciste, ami des chrétiens intégristes de préférence, partisan de la thèse du choc des civilisations de Samuel Huntington, bien qu'il s'en défende avec constance, compagnon de route d'un historien dénoncé comme étant d'« extrême droite » bien sûr – il s'agit de René Marchand –, puisque ce dernier souligne le caractère belliciste, conquérant et impérialiste de l'islam alors que, chacun sait, l'islam est une religion de paix, de tolérance et d'amour.

Qui est Sylvain Gouguenheim ? Il est docteur en histoire avec une thèse sur la mystique rhénane Hildegarde de Bingen, un spécialiste des ordres religieux militaires compagnons de route des Croisades, dont les chevaliers de l'ordre Teutonique ; à l'époque, il enseigne à l'Ecole normale supérieure de Lyon. On ne peut dire qu'il manque des titres qui permettent de se prévaloir de ladite science universitaire !

Avant cet ouvrage qui fait polémique, personne ne lui reproche quoi que ce soit d'un point de vue épistémologique ou méthodologique. Pourquoi faudrait-il qu'avec ce seul livre, mais aucun autre avant, il ait quitté la route scientifique pour aller au fossé ? C'est bien sûr un procès en sorcellerie qu'on lui intente. D'ailleurs, il suffit de voir d'où viennent les attaques ; elles renseignent sur la nature de la cabale. C'est un procès politique : on reproche à Sylvain Gouguenheim de ne pas sacrifier à l'idéologie politiquement correcte déconstructionniste qui voudrait que la France et l'Europe judéo-chrétienne ne soient rien du tout sans la perfusion salvatrice de ce qui est non blanc, non chrétien, non occidental.

De sorte qu'on sourira, ou rira c'est selon, en voyant que le gardien du temps universitaire et scientifique est ici Patrick Boucheron, bien connu pour être aussi peu scientifique que Stéphane Bern, mais qui peut faire illusion puisqu'il pérore juché sur son tonneau du Collège de France où l'institution sert de cache-sexe au militantisme politique le plus éhonté. Boucheron en caution scientifique et en héraut du sérieux universitaire, c'est l'hôpital qui se moque de la charité ! Boucheron est à l'histoire ce que BHL est à la philosophie.

A l'époque, septembre 2008, maître de conférences à l'université de Paris 1, Patrick Boucheron parle d'un « livre truqué », d'un « pamphlet déguisé en livre d'histoire », il déplore que l'auteur se soit « affranchi de toutes les méthodes élémentaires qui fondent notre métier (*sic*), notamment la critique des sources ». C'est drôle car, pour qui connaît le travail de ce monsieur, on a l'impression qu'il parle de lui et de ses amis ! Depuis 2015, Patrick Boucheron est devenu professeur au Collège de France. Mais ceci n'entretient aucune relation avec cela, bien sûr. Sa leçon inaugurale a pour titre *Ce que peut l'histoire*. On peut répondre à cette question sans lire son opuscule pourvu qu'on prenne connaissance de ses méthodes lors de cette polémique.

Patrick Boucheron fit savoir, universitaire sérieux et scientifique, institutionnel au-dessus de tout soupçon protégé par la vieille maison fondée par François Ier, homme de rigueur et de probité étranger à toute polémique militante, que ce livre auquel Sylvain Gouguenheim a travaillé pendant six années était un brûlot opportuniste et politicard : « Quand vous écrivez, après le 11-Septembre, que nous ne devons rien aux Arabes, eh bien, vous dites quelque chose qui fait du bien. » On n'en attendait pas moins élevé et pas plus scientifique comme considération de la part d'un major de promotion de l'Ecole normale supérieure qui dispose de son rond de serviette à France Inter, France Culture et Arte, d'honorables succursales du Collège de France, comme chacun sait.

Le livre a été *scientifiquement* accueilli par une pétition signée par deux cents personnes, dont beaucoup d'anciens élèves bien sûr étrangers à l'esprit de corps et aux logiques d'avancement dans la carrière auprès de qui aura sollicité leur paraphe, une pétition aimablement relayée par le journal *Libération,* dont les pages « Pensées » étaient conduites par Eric Aeschimann dont la surface intellectuelle est bien connue par les lecteurs de son œuvre – on lui doit par exemple la publication de *La Révolution Pilote 1968-1972* en 2015.

Jean-Claude Zancarini fait circuler la pétition à l'ENS de Lyon puis, l'âme en paix après avoir travaillé à cet exercice de justice selon sa conscience, il sollicite le service de presse de la maison d'édition pour regarder à quoi ressemble ce livre dont il dit et fait dire du mal – dixit *Le Figaro* dans son édition du 16 juillet 2008, via un article intitulé *L'historien à abattre*, signé par Paul-François Paoli…

Un livre est concocté pour faire pièce à *Aristote au mont Saint-Michel.* Il a pour titre *Les Grecs, les Arabes et nous. Enquête sur l'islamophobie savante* et rassemble, bien sûr, la crème de l'université et de tout ce qu'elle peut aligner de scientifiques honorables et crédibles, honnêtes et respectables, prestigieux et estimables. C'est dans cet ouvrage paré des plumes du paon scientiste qu'on trouve l'affirmation selon laquelle le livre de Sylvain Gouguenheim manifeste « une vision du monde qui s'insère très précisément dans la philosophie de l'histoire sarkozyste ». On découvre avec bonheur que le gratin scientifique et universitaire crédite l'ancien président de la République Nicolas Sarkozy d'une « philosophie de l'histoire » probablement en concurrence avec Vico, Kant, Hegel et Spengler ! J'imagine que le mari de Carla Bruni en serait lui-même surpris. Pour cet *Aristote au mont Saint-Michel* qui, dixit Aeschimann, « dégageait des généralités douteuses », on cherche quels mots on pourrait utiliser pour qualifier l'épistémologie objective et neutre de cet ouvrage collectif promu par *Libération* & Co.

Une pétition dans son école, un appel signé de cinquante-six chercheurs contre lui dans *Libération*, un autre émanant du CNRS et des Hautes Etudes qui fustigeait sa prétendue islamophobie, une exclusion de son laboratoire à Lyon, trois années sans en retrouver un, un refus de demande de mutation, un livre collectif à charge, deux colloques contre lui, dont un aux rencontres de Blois, des refus de publier ses articles historiques dans des revues scientifiques, une éviction des circuits de jurys de thèse où il officiait, on mesure la grandeur d'âme des défenseurs de la liberté d'expression. Leur grandeur d'âme et, surtout, leur efficacité. La presse à cheval sur l'université, voilà l'attelage qui fait la science, comme chacun sait.

Sylvain Gouguenheim a perdu sa mère pendant cette cabale qui l'a éprouvé. Il est resté un temps sans enseigner. Le 12 juin 2008, pour *L'Express*, à Pascal Ceaux et Christian Makarian qui lui rapportaient les propos de ceux qui affirmaient qu'il n'existait aucune preuve que Jacques de Venise soit venu au Mont, il répondait : « L'historien italien auquel j'ai fait référence n'est pas catégorique. Il y a quand même un indice dans la chronologie du mont Saint-Michel rédigée par l'abbé du Mont Robert de Thorigny. Vers 1150, il rajoute en marge de son récit une phrase évoquant le travail de traduction d'Aristote par Jacques de Venise vers 1127. Ce n'est pas une preuve absolue de sa présence, d'autant moins qu'on connaît mal sa vie. Mais cette note interdit de dire qu'il n'y a jamais mis les pieds. » Le 10 avril 2014, dans *Le Point*, il revient sur cette affaire et confirme les thèses de son ouvrage en concédant quelques erreurs factuelles, sans préciser lesquelles. Le jeudi 10 novembre 2016, dans un entretien avec Paul-François Paoli pour *Le Figaro*, Sylvain Gouguenheim finit par affirmer que peut-être Jacques de Venise n'est pas venu au mont Saint-Michel.

Où l'on voit qu'un poison inoculé un jour peut tuer longtemps après…

Conclusion

La matrice nihiliste

Nul besoin d'être grand clerc pour comprendre que le *gauchisme culturel* et la *fachosphère de gauche* constituent la *matrice nihiliste* de notre époque. Depuis un demi-siècle, l'idéologie nihiliste règne sans partage. Elle ne débat pas, elle insulte ; elle ne dialogue pas, elle méprise ; elle n'échange pas, elle anathémise ; elle ne respecte pas, elle salit ; elle ne discute pas, elle condamne. La *disputatio* médiévale n'est pas son modèle, elle lui préfère le tribunal de l'Inquisition. Ce dispositif juridique théorisé par le *Manuel de l'inquisiteur* de Bernard Gui instruit à charge, écarte ce qui gêne l'accusation, condamne une parole interdite de défense, attaque ad hominem le corps, le cœur et l'âme de ses victimes, il humilie, il coiffe d'un bonnet d'âne, il expose au pilori au cœur de la cité, il transforme en pestiféré celui qui du jour au lendemain, par le décret inquisitorial, devient infréquentable. On interdit de lui parler, de le regarder, de lui donner à manger, de commercer avec lui. Quand on le laisse vivant, on le tue ; quand on le tue, c'est plus clair...

On a vu que Sylvain Gouguenheim est allé jusqu'à renier l'existence même de Jean de Venise, qui était la clé de voûte de son édifice conceptuel et de la théorie qu'il développe dans *Aristote au mont Saint-Michel* ! Encore aujourd'hui, dans un ouvrage intitulé *Soi-même comme un roi*, Elisabeth Roudinesco, grande prêtresse de cette fachosphère de gauche à Paris, traite Paul Yonnet de fasciste alors qu'il est six pieds sous terre dans son cimetière normand depuis plus de dix ans !

La lecture des *Mémoires* de Raymond Aron permet de comprendre comment le magistère de Sartre a produit des ravages dans le paysage intellectuel français. Le problème n'était plus de dire vrai ou faux, juste ou injuste, mais de parler à droite ou de parler à gauche. A droite se trouvait l'erreur, tout le temps ; à gauche, la vérité, toujours. Dans *Les Temps modernes*, Beauvoir écrit : « La vérité est une, seule l'erreur est multiple. Ce n'est pas un hasard si la droite professe le pluralisme » – c'était en 1955, le texte sera repris sans un seul mot de changé dans *Faut-il brûler Sade ?* en 1972. On aura compris que, chez ces gens-là, la vérité n'est pas de gauche mais qu'elle *est la gauche* et que l'erreur, c'est bien évidemment la droite...

Dont Albert Camus, bien sûr, qui, lui, écrit : « Si, enfin, la vérité me paraissait à droite, j'y serais. » Ou bien encore, en 1952 : « On ne décide pas de la vérité d'une pensée selon qu'elle est à droite ou à gauche et moins encore selon ce que la droite et la gauche décident d'en faire. » Camus fut plus qu'un autre traîné dans la boue et présenté comme un auteur de droite.

Il est sidérant que la gauche ait pu sans rougir, et le puisse encore sans plus de honte, affirmer qu'elle préférait avoir tort avec Sartre que raison avec Raymond Aron ! Car, dit autrement, cela veut dire que *la gauche préfère l'erreur de gauche à la vérité de droite*, c'est-à-dire qu'elle se moque absolument de la vérité, de toute vérité. Peut-on mieux faire profession de foi nihiliste ?

Outre que Raymond Aron avait raison contre Jean-Paul Sartre sur bon nombre de sujets, il suffit de convoquer l'un et l'autre au tribunal de l'histoire avec tous les volumes de *Situations* de l'un et *L'Opium des intellectuels* de l'autre pour s'en rendre facilement compte. On pouvait aussi, à l'époque, éviter d'avoir à choisir entre l'un et l'autre pour choisir la pensée libertaire d'Albert Camus ! Ni Aron, qui célèbre Tocqueville et appelle à voter Giscard, ni Sartre ; qui célèbre Kim Il-sung et appelle à voter Mitterrand en 1981 : c'était aussi une possibilité éthique en même temps que politique, une possibilité politique en même temps qu'éthique.

Nous sommes entrés dans une seconde guerre froide idéologique, en fait elle n'est jamais que la continuation de la première.

Elle oppose les progressistes animés par un seul moteur, précipiter la ruine civilisationnelle, et les conservateurs qui veulent bétonner les décombres en estimant que les choses pourraient en rester là...

Sartre et Aron ont toujours leurs disciples mais l'époque est sartrienne – il n'est pas sans raisons que BHL publie un ouvrage tout entier consacré à la gloire du philosophe qui trouve des vertus aux guillotineurs de 1793, à la bande à Baader et aux terroristes ayant assassiné des athlètes israéliens à Munich en 1972, pour ne pas renvoyer à plus dans la biographie de l'auteur de la *Critique de la raison dialectique,* un manuel de guerre civile : il y a ceux qui veulent en finir avec la civilisation judéo-chrétienne, dont Sartre et son lointain cousin germanopratin, et les autres.

Les autres arrosent les fleurs du mal.

Ceux-là ont estimé que les millions de morts de la Révolution culturelle maoïste étaient une bonne chose, ils voulaient avoir tort avec Sartre, *ils ont eu tort d'avoir tort avec Sartre* ; ils ont compté pour quantité négligeable les autres millions de morts du marxisme-léninisme en URSS et partout ailleurs sur la planète, ils voulaient avoir tort avec Sartre, *ils ont eu tort d'avoir tort avec Sartre* ; ils ont estimé avec le Sartre compagnon de route des nationalismes coraniques, en commençant par celui du FLN en Algérie et en continuant avec celui de l'ayatollah Khomeyni, que l'islam était porteur d'un espoir messianique révolutionnaire, peu importait qu'il entraîne dans son sillage antisémitisme, phallocratie, misogynie, homophobie, bellicisme et autres vertus progressistes, c'était pour le bien de l'histoire, pour la vérité de gauche : l'abolition du capitalisme !, ils voulaient avoir tort avec Sartre, *ils ont eu tort d'avoir tort avec Sartre* ; ils ont proclamé qu'annoncer le choc des civilisations c'était le produire, car, selon eux, il n'y a pas de civilisations ni d'histoire, mais un capitalisme planétaire transcendantal, anhistorique, avec ses exploiteurs de droite et ses exploités de gauche, de sorte que quand les exploités de gauche arrivent au pouvoir et exploitent à leur tour, ce sont de bons exploiteurs puisqu'ils sont de gauche, ainsi Lénine, Staline, Castro, Kim Il-sung, Mao, etc., ils voulaient avoir tort avec Sartre, *ils ont eu tort d'avoir tort avec Sartre* ; ils ont célébré une psychanalyse freudienne revue et corrigée par le freudo-marxisme soixante-huitard qui fit dire au mage viennois, politiquement très à droite, le contraire de ce qu'il enseignait, à savoir qu'il fallait associer révolution sexuelle et révolution prolétarienne, révolution libidinale et révolution politique, afin d'obtenir une société débarrassée du capitalisme, *ils ont eu tort d'avoir tort avec Sartre.*

L'idéologie de la cancel culture, la pensée woke procèdent de ce sartrisme-là. Les chemins théoriques sont broussailleux, mais, pour les lignes de force et les lignes de fuite, les choses sont claires : le néo-féminisme, la déconstruction, le décolonialisme, l'islamophilie devenue folle avec l'islamo-gauchisme, la gauche intersectionnelle, l'idéologie transhumaniste avec son cheval de Troie LGBTQ+, tout cela procède des élucubrations des Thénardier de Saint-Germain-des-Prés. Ces bourgeois qui vivaient comme des étudiants attardés et détestaient leurs milieux d'origine comme des adolescents – lire ou relire les *Mémoires* de l'une et *Les Mots* de l'autre… – n'ont eu de cesse d'abolir un monde *qui était le leur* et dans lequel ils nageaient voluptueusement comme de gros poissons dans l'eau ! Ces gauchistes en papier bible ont mis le feu au monde qui les a rendus possibles, et ce pour travailler à l'avènement d'un monde qui aurait commencé par les guillotiner !

Le plus drôle, si je puis dire, est que les papes de la déconstruction ont lancé leur structuralisme dans les années 1970 comme une arme de guerre à prétention de destruction massive, contre Sartre, dont l'impérieux magistère gênait leur carrière. Quand la bombe atomique conceptuelle eut fait son travail et contribué à mettre Sartre à la marge, alors que la jeune génération occupait le centre, c'est tout le dispositif marxiste de révolution conduite par l'avant-garde éclairée du prolétariat – par les intellectuels… – qui disparut ! La macro-révolution du coup d'Etat style octobre 1917 a été remplacée par les micro-résistances adaptées aux micro-fascismes diagnostiqués par les Deleuze, Guattari et Foucault. Fi du prolétariat et des ouvriers ! Un nouveau peuple a remplacé les ouvriers trop blancs, trop machistes, trop hétérosexuels, trop genrés, trop phallocrates, trop misogynes, trop homophobes, trop chrétiens – ceux-là furent laissés, on s'en souvient, à la clique Le Pen par les socialistes convertis au libéralisme de Terra Nova. Ce peuple a compagnonné un temps, il semble désormais préférer l'aquoibonisme, qui est poudre renversée en attente d'étincelles.

Cette révolution morte, ce marxisme mort, ce prolétariat mort, cette gauche morte, ce socialisme mort contribuent à inverser le cours de l'histoire jadis orienté vers le ciel des idées léninistes. Désormais, le nouvel horizon indépassable est celui de la régression vers les hordes primitives racontées par Darwin dans *La Filiation de l'homme* : place aux tribus, aux ethnies, aux races, au sang, aux pigmentations. Sus au leucoderme !

Le modèle est racial, le pouvoir celui de la chefferie des plus forts. Jour après jour, les tribus s'affrontent violemment avec les massues du jour – barres de fer, tournevis, battes de baseball, marteaux, mortiers, armes à feu, voitures-béliers, couteaux bien sûr…

Désormais, comme dans la Russie du Goulag, le pouvoir est à l'animal en l'homme ; comme dans la Chine maoïste, la mode est au tribunal des masses, aux procès suivis d'humiliations, à l'autocritique publique, aux coups portés aux prétendus ennemis du régime par des commissaires du peuple dont le prétoire est l'anonymat des réseaux sociaux ; comme dans un cours de psychanalyse à l'université de Vincennes, on estime qu'il faut régler son problème œdipien donc tuer le père, c'est-à-dire toute forme d'autorité, de loi, de règle, de contrat, faute de quoi on ne saurait exister ; comme dans la France mitterrandienne, le racisme indigéniste est devenu légitime pourvu qu'il se présente comme un antiracisme multiculturel ; comme au temps de la guerre froide, il faut croire en un monde bipolaire qui oppose le mal capitaliste de droite au bien révolutionnaire de gauche ; comme à l'époque d'une France islamisée jusqu'à Poitiers, il faut célébrer la dhimmitude que les islamophiles et les islamo-gauchistes présentent comme un modèle de cohabitation pacifique, le fameux mythe d'Al-Andalus, alors qu'elle est clairement soumission et instauration d'une inégalité entre les hommes, les idées, les races, les sexes et les sexualités...

On comprend que le système ait besoin de nouveaux chiens de garde et qu'ils aient choisi l'autodafé sous toutes ses formes pour imposer les lois de l'*anticulture* et des *Lumières noires* – qu'on me permette de traduire ainsi cancel culture et wokisme...

Mais rien ne dure, tout passe, tout change, tout meurt. Avec le nihilisme, la fin n'est jamais radieuse. Mais il n'est pas d'exemple d'une nouvelle civilisation qui n'ait été dite barbare quand elle était dans ses limbes. Lire ou relire Celse...

Composition et mise en pages
Nord Compo à Villeneuve-d'Ascq

MIXTE
Papier issu de
sources responsables
FSC® C003309
FSC
www.fsc.org

L'éditeur de cet ouvrage s'engage dans une démarche de certification FSC® qui contribue à la préservation des forêts pour les générations futures.

Pour en savoir plus :
www.editis.com/engagement-rse/

Achevé d'imprimer par
Normandie Roto Impression s.a.s.
61250 Lonrai (Orne)
N° d'imprimeur : 2103393
Imprimé en France